U0580741

富养女孩，
其实是让她树立正确价值观

马利琴 / 著

台海出版社

图书在版编目（CIP）数据

富养女孩，其实是让她树立正确价值观 / 马利琴著 . -- 北京：
台海出版社，2018.8

ISBN 978-7-5168-2053-7

Ⅰ . ①富… Ⅱ . ①马… Ⅲ . ①女性－家庭教育 Ⅳ . ① G782

中国版本图书馆 CIP 数据核字（2018）第 182010 号

富养女孩，其实是让她树立正确价值观

著　　者：马利琴

责任编辑：戴　晨　　　　　　　装帧设计：末末美书
版式设计：末末美书　　　　　　责任印制：蔡　旭

出版发行：台海出版社
地　　址：北京市东城区景山东街 20 号　邮政编码：100009
电　　话：010 － 64041652（发行，邮购）
传　　真：010 － 84045799（总编室）
网　　址：www. taimeng. org. cn/thcbs/default. htm
E-mail：thcbs@126. com

经　　销：全国各地新华书店
印　　刷：天津中印联印务有限公司
本书如有破损、缺页、装订错误，请与本社联系调换

开　　本：170mm×240mm　　　　1/16
字　　数：185 千字　　　　　　　印　张：16
版　　次：2018 年 8 月第 1 版　　印　次：2018 年 8 月第 1 次印刷
书　　号：ISBN 978-7-5168-2053-7
定　　价：45.00 元

版权所有　翻印必究

前 言

培养一个优秀的女孩是很多父母的心愿，如何培养女孩呢？想到这个问题，很多人都会不约而同地说出答案："穷养儿子富养女！"女孩，自然是要富养。

不可否认，自古以来我国就有"从来富贵多淑女，自古纨绔少伟男"的说法，古代教养不错的好女孩几乎都是养在深闺的"千金"小姐，熟读诗词歌赋，精通琴棋书画，知书达理。现代社会也一样，女孩只有富养，才会视野开阔、思想丰富、情操高尚。

如今，富养女孩基本上已经成为所有父母的共识。可是，如何才算是富养呢？有人认为，富养，就是给女孩足够的物质条件，对女孩娇生惯养。随着人们生活水平的提高，给女孩提供更好的物质条件无可厚非，但也不得不正视另外一个事实：长大后贪慕虚荣、拜金的女孩越来越多，有些女孩甚至还会因一时贪图享乐而堕落不堪，误入歧途，这种女孩的人生都不会幸福，这样的结果跟父母最初的富养目的相违背。

其实，之所以会出现这种现象，造成这样的结果，多半是因为父母对女孩的教育方式出现了问题。富养并没有错，只不过在今天，富养又被赋予了新的含义，不仅是物质上的娇生惯养，还具备更深层次、更深刻的内涵，就是要全方位对女孩进行塑造，培养女孩正确的价值观。

所谓的富养女孩，就是除了满足女孩基本的物质需要，还要带女孩出去见见世面，增长女孩的阅历，让女孩能应对各种诱惑，懂得自我保护。

所谓的富养女孩，就是让女孩成为一个有礼貌的人，学会待人接物，懂得与人交往，能够为他人考虑，也懂得照顾他人的感受。

所谓的富养女孩，就是提升女孩的气质，让女孩逐渐成长为一个有思想、有内涵的人，培养女孩的气质、见识、艺术、文化。

所谓的富养女孩，就是培养女孩的情商，成就女孩一生的幸福。在生活中，父母通过对女孩的自知、自信、自尊、自控、自律等品质的培养，让女孩成长为一个高情商的人。

所谓的富养女孩，就是要让女孩接受更多的锻炼，磨炼女孩的意志，让女孩成为一个不服输、不怕输、输得起的坚强的人。

……

富养女孩，不仅仅是物质上的满足，更多的是精神上的给予。养育女孩如同精心培育一株名贵的花，注定要花费更多的精力。本书基于女孩的富养进行了详细探讨，文章结合大量实例，值得一读。

目 录

第一章

自尊：不自尊的女孩得不到他人的尊重

做自己——让她知道她是值得被赞赏和喜爱的

　　每个女孩都有自己独特的遗传因素、成长环境和生活经历，都具备自己的性格特点和行为模式，这就决定了每个女孩都是与众不同的个体。想让女孩更好地成长，要引导女孩通过自己的付出和努力，凭借聪慧、才智，自信地成为更好的自己。

　　一天，小樱跟着爸爸在小区附近的公园玩，碰到了好朋友小洁，于是高兴地拉着爸爸跑了过去。

　　"小洁，你在练习小提琴呀，真好听，我大老远就听见优美的琴声了。"小樱对爸爸骄傲地介绍说，"爸爸，这是我最好的朋友，她叫小洁，可厉害了，什么都会，唱歌、跳舞、拉小提琴……"

　　小洁微微一笑，很有礼貌地对小樱爸爸说："叔叔好！"

　　"这个孩子真是太懂事了！"

　　小樱和小洁随意聊了几句，就被爸爸带着离开了。小樱没有注意到爸爸脸色的变化，只是在一旁不停地讲小洁如何好、如何在学校受老师和同学的喜爱……

　　就在小洁沉浸于自己的讲述中时，爸爸突然说："这我就不明白了，你们是好朋友又是同班同学，怎么差距这么大呢？为什么别人各方面都行，你就不行呢？"

小樱听爸爸这样说，脸上的光彩顿时就不见了，默默地低下了头。

很多父母都希望自己的女儿成为"人中之凤"，不想让她们在各方面都比不上别人。为了显示自己女儿的优势，有些父母还喜欢拿自己家的女儿和别人家的女儿做比较。如果彼此各方面条件都相当，但别人家的女儿会某件事而自己家的女儿不会，有些父母就会觉得受不了。

殊不知，每个女孩都有不同的性格特点，有的内向，有的外向。同样，每个女孩都有属于自己的特长和天分，都是独特的存在，最好的教育方式，就是让女孩做自己。

休谟说："一个人不论有什么天赋才能，如果不清楚自己具有这种才能，不能制定适合自己才能的发展计划，任何才能对他都完全无用。"每个人都有长处和短处，孩子的可塑性极高，家长要做的是及时了解女儿，让她们做最好的自己。

◆认同并发展女孩"关系式"的生活方式

大多数女孩天生就喜欢语言、社交，还喜欢把世界看成一种关系，倾向于"关系式"的生活方式。如果父母对女孩的这种生活方式表示认可和赞同，她们就更容易开发并利用此天赋。

下面是一位妈妈的育女感想，或许会给你带来启发：

我女儿从小就是"孩子王"，经常会带着一群孩子玩，小伙伴之间有了矛盾，也总爱找她解决。一天我下班回家，走到小区操场时，正巧看见女儿在处理两个孩子的矛盾。

女儿背对着我，我细细地观察着，没过一会儿，在女儿的调解下，两个孩子就和好如初，继续愉快地玩耍起来。那两个孩子年龄比我女儿稍大些，但她们都很信服我女儿。

这件事情让我发现了女儿在人际交往方面的非凡天赋，于是从那天开始，我就刻意地把女儿的这种天赋引发出来，带她接触更多的人、让她亲自招待客人、节假日让她组织朋友聚会……

现在，我女儿不仅有个幸福美满的家庭，还经营了一家自己的公司，员工都以她为荣，公司氛围也非常和谐。

积极引导和发展女孩的人际交往天赋，在她的人生道路上，也就有了一笔不可多得的财富，会让她的生活、事业、家庭等各方面发展得更加顺畅和成功。

为了在日常生活中发掘女孩的天赋，父母可以这样做：

要心怀义务感、使命感和责任感，努力发掘女孩的天赋，积极行动。

要多领域、多层次、全方位地去观察和发掘女孩的天赋领域。文学、历史、哲学、数理化、音乐、绘画、舞蹈、运动等都可以尝试。

如果女孩在某领域能做到举一反三、融会贯通，就要在该领域多加培养和关注。

◆尊重和了解女孩的想法

在这个世界上，既没有笨女孩，也没有怪女孩……很多父母之所以会经常说"我闺女不好，总会做一些让我们无法接受的事情"，根源就在于不了解自己的女儿。尊重女孩，就能更好地了解她，更好地教育她。想要教好女孩，父母首先要尊重和了解她们的想法。

不知不觉，小芸已经从一个牙牙学语的婴儿变成了小学三年级的学生，回想几年来陪伴女儿成长的点点滴滴，小芸妈妈深有感触。

随着女儿的一天天成长，小芸妈妈越来越深刻地感受到：父母爱女儿，不仅要关心她们的身体成长，还要关注她们的心理成长，应该从细节着手，尊重女儿、读懂女儿、了解女儿。

可是，虽然和小芸朝夕相处，小芸妈妈却发现想要走进女儿的内心世界并不容易。为了更多地了解女儿，小芸妈妈决定从女儿的朋友入手。因为她知道，对年纪尚小的小芸来说，小伙伴是她社会化的开始，也是父母了解她的一个重要渠道。

一天放学回到家，小芸精神非常不好，还说身体不舒服，第二天早上就不想上学了，嚷嚷着让妈妈帮她请假。小芸妈妈看了看女儿，觉得不对劲，可是询问了一番也没问出什么来。

为了了解女儿的情况，小芸妈妈连忙给女儿的同学丫丫打电话。原来前一天上课的时候，老师看到小芸注意力不集中就批评了她，小芸觉得很没面子，不想上课。

小芸妈妈耐心地开导女儿："受到批评不一定就不好，这样可以让你更好地改正错误，能够不断进步。老师也希望你是个知错就改的好孩子，她非常重视你，否则就不会搭理你了。"看到妈妈不仅没有因为自己受到老师的批评而指责自己，反而还来安慰和开导，小芸非常感动，紧皱的眉头也舒展开了。

从那以后，不管在学校遇到什么事情，小芸都会主动告诉妈妈，让妈妈帮她出主意。在妈妈的引导下，小芸的问题少了很多。

成功的家庭教育来自父母对孩子的深入了解、接受和尊重，在这方面小芸妈妈做得非常好。在关心女儿身体成长的同时，也关注她们的心理成长。值得一些父母注意的是，一定要把女孩看作是家庭生活中平等的一员，把她们当独立的人看待，重视她们的想法、意愿、兴趣等，不要总把自己的想法强加到她们身上，如此才能更好地了解女孩的内心世界。

尊重女孩的想法，要鼓励她们将自己的想法大胆说出来，不要贬低她们的意见。

要想了解女孩的想法，可以多跟她们聊聊天，也可以多跟她们的朋友聊聊，了解其他人眼中的她们。

多肯定——肯定她的每一个进步

跟否定比起来，肯定的意义不言而喻，多数人都喜欢受到他人的肯定和表扬。及时肯定女孩的进步，女孩的自信心就会大增，学习或做事就会更加积极主动，更有利于问题的解决和事情的处理。因此，肯定女儿的每个进步，是每个父母都应该做到的。

小婷天生听力不佳，雪上加霜的是，1 岁多时她得了重病，导致两只耳朵都听不到了。小婷爸爸曾经对自己的好友说："即使一把火把我家烧得精光，只要女儿能喊我一声'爸爸'，我就很满意了。"

小婷爸爸对女儿的命运已经屈服，已经不期望女儿能取得什么成绩，只要女儿健康长大就行。可是在小婷 3 岁时，日本电视连续剧《血疑》唤醒了沸腾的父爱，让他找到了做合格父亲的感觉。

在这部电视剧中，幸子患有不治之症，但含笑离开人世，父亲大岛茂坚强而勇敢地面对现实，对女儿付出了无尽的父爱。小婷爸爸觉得，虽然自己的女儿听不见，但生命是最可贵、最美好的，世上还有什么比生命和爱更宝贵的？他发誓要用自己满满的父爱和百分之百的努力，为小婷打开有声世界的大门！

为了了解更多的育儿方法，小婷爸爸买了一本《幼儿才能开发》的书。书中介绍了日本教育家铃木镇一的教育思想。铃木认为，教孩子学说话、学走路的方法是人世间最好的教育方法，采用这种教育方法，他一年就培养出700名达到莫扎特同龄水平的小提琴神童。

小婷爸爸看到这本书后，心灵再次被唤醒。铃木能把普通的女孩培养成小提琴神童，自己为什么不能把听不见声音的女儿培养成神童？于是，他开始了在女儿身上的尝试。他想尽办法教女儿学说话、学走路，让她找感觉、尝甜头——找到"神童"的感觉。

经过不断的努力，小婷用3年时间就学完了小学6年的课程，而且品学兼优，成为全国十佳少年。

夸赞女孩，会创造奇迹！

越肯定女孩，她就越自信，对世界的畏惧也就越少，成长天空也就越广阔。研究表明，经常受到父母肯定的女孩和很少受到父母肯定的女孩相比，成才率要高出5倍，教育女孩的秘密就在于相信和解放她们！而要想相信和解放女孩，首先就要学会肯定她们。

没有教不好的女孩，只有不会教的父母。赏识教育的本质就是生命的教育、爱的教育，这样的教育是充满人情味的，更是富有生命力的。只有肯定自己的女儿，她们的潜能才会被开发出来。因此，父母要时刻关注女儿的每一点细微进步，及时给予夸奖和鼓励，让她们产生成就感和自豪感，促使她们不断发展和提高。

◆ **肯定女孩的每一次进步**

一位教育家说："欣赏是女孩进步的动力。"发现并赏识女孩的进步，不仅会影响到她们学习和做事的效果，还会影响到女孩为人和处事的态度。有时发现女孩的一个闪光点，将它放大，就能照亮她们的一生。

　　小果今年 8 岁，身材弱小，长相平平，在学校经常与同学闹矛盾，课上喜欢随意插嘴，喜欢故意跟老师唱反调，很让人头疼。她作业字迹潦草，尤其是写作文，更是应付了事，每次作文都是胡乱写几句交差，成绩可想而知。老师多次严厉批评警告，也向小果妈妈反映了几次，可是小果依然我行我素。

　　一次，老师布置了作文《我的理想》，小果有史以来第一次将作文写完整，虽然内容一般，却写出了自己的理想——当一名服装设计师，还使用了几个特别好的词语和句子。虽然这些词语和句子都是从书上摘录的，但至少说明小果想把作文写好，才会摘录书上的语言。

　　看到女儿的作文，小果妈妈眼里泛着欣喜的泪光，说："这是我最喜欢的一篇作文。"之后，小果妈妈用红色笔将女儿作文中那些优美的句子画上波浪线，并充满感情地一遍一遍地读。看到这里，小果眼睛一点点泛红了，暗暗发誓，一定要写出真正属于自己的作文，让妈妈为自己骄傲。

　　接下来的日子，小果每次作文都写得很认真，再也不胡乱写了，更不会应付交差。她就像变了一个人似的，面貌焕然一新：与同学友好相处，说话温和稳重，同学开始喜欢她；课堂上，她不再随意乱插嘴，而是积极思考，回答问题时也很有见地；作业认真了，字迹工整了，学习成绩稳步上升……

案例中，小果的作文写得不错，妈妈及时对她进行了表扬，没想到小果的写作态度更好了，同时还促进了学习态度的转变。这样的夸赞，确实值得借鉴。

无视女孩的进步，仅因为女孩没有达到"最佳"或自己心目中理想的标准，就全盘抹杀她的成绩，是对女孩的一种伤害。也许在无意中，父母过高的期望会葬送掉一个未来的科学家或艺术家。在养育女孩的过程中，对于女孩的每一个进步都要重视肯定。

女孩主动收拾碗筷，可以夸赞女孩"长大了，懂事了"；大人生病，女孩主动端水拿药照顾，要夸赞她"懂得照顾大人，是爸妈的小棉袄"；女孩考了好成绩或取得了新成就，要夸奖女孩"你真棒"；女孩帮助小区中的老奶奶拿东西，要表扬她"乐于助人，是个好孩子"；女孩做事效率提高，要夸奖她"做得不错，以后继续努力"。

◆即使没有成功，也要肯定女孩的努力

不可否认，肯定确实能对人们起到巨大的激励作用，不只是女孩，大人也一样。在学习和生活中得到表扬和夸奖，女孩的积极性也会大增，就能创造出更多的成绩和价值。如果女孩经过一番努力，仍然没有达到理想的目标，父母就不要执着于结果，要多肯定她们的努力过程。

前几天，学校举行运动会，小彤参加了1500米长跑。对于女儿的这次参赛，妈妈和班主任老师都曾有过担忧。因为小彤一向不喜欢运动，且在去年的校运会上她连800米赛程都没跑到终点。

当小彤跟妈妈说起这件事时，妈妈心里咯噔一下，但还是笑着鼓励她："很好啊，你一定能行，比赛时妈妈去给你加油。"之后，小彤每天都早早起床，吃完早餐，就去学校操场练习跑步，第一天一圈，第二天两圈，第三天三圈……小彤不断地调试速度和鞋

子，挑选出最适合自己的。

比赛那天，小彤坚持跑完了全程，虽然没有取得名次，没有拿到奖牌，但她在赛程结束时仍对着妈妈和老师露出了灿烂的笑容。小彤妈妈感到很欣慰，因为小彤开始从完全没有参与过长跑的零起点慢慢向目标靠近了。

努力的结果通常有两个，一个是成功，一个是失败。究竟该肯定成功的，还是失败的？答案是：只要女孩努力了，都要肯定。

很多人都认为，奖牌是世界上最闪光的东西，我倒认为，成绩同样也熠熠生辉，特别是通过女孩的个人努力，用勤奋和汗水换来的成绩，更值得热烈庆祝。所以，教育女孩时，父母一定要少一些功利，要多关注女孩的成长过程，让她们懂得：慢慢走，努力学，每天都要进步一点点。

当然，必须提醒的是：对于女孩的夸奖，最好能适可而止；过多过分的夸奖，会带给女孩不必要的困扰。夸奖具有启发性和鼓励作用，但夸奖过多，则会给女孩造成极大的压力，继而形成焦虑。所以，要用欣赏、交谈、聆听等方式代替过多的夸奖。

勤鼓励——支持和鼓励就是给她的最大尊重

对于未知的事物，女孩一般都充满了好奇，喜欢尝试着去接触……父母鼓励女孩进行探索和求知，就是对她们的最大支持，更是对她们自尊心的极大维护。哲学家别林斯基说过："人的生活像广阔的海洋，在它的深处保存着无数的奇迹。"在大自然中，许多事物都是无法用平常的眼光来看待的，缺乏探索精神，就无法获得真知，要多鼓励女孩自己去探索、去感悟。

夏天的一天，一个4岁左右的小女孩在院子里玩得正起劲。她在沙堆前忙碌着，一会儿用小手捧起沙子，一会儿用树叶、草棍插在沙堆上。之后，小女孩站起来，左右看看，似乎还有什么不满意的地方。突然，女孩向四周看看，快速脱掉短裤，正对着沙堆尿起来。之后快速站起来，提起裤子，迫不及待地蹲下去，开始用手搅拌被尿湿了的沙子，脸上露出了满意的笑容。这时，一位长相靓丽的女士冲过来："天哪，你怎么这么淘气！这么脏的东西你也玩？"小女孩抬起头来，迷惑地看着妈妈……

对于女孩的"淘气"，大多数父母都会以为孩子是在作对或不懂事，于是或严厉斥责，或置之不理。殊不知，女孩正是通过她的淘气行为来探索、检验自己的一些异想天开的想法。

　　周末，小女孩一家三口到附近爬山。爬一个小山坡时，女孩显得胆子很小，一步一回头，不停地看着爸爸，想让爸爸将她抱起来。爸爸似乎想锻炼她一下，并不看她，只是不停地向上爬。因为爸爸知道，这个坡度，女孩是能爬上去的，这是锻炼女孩胆量与技巧的一个好机会。

　　妈妈却非常担心，既担心女孩摔下来，又怕她磨破细嫩的小手。妈妈一会儿看看女孩，一会儿担心地嘱咐一声，一会儿又喊前面的丈夫慢些。最后，女孩太过胆怯，不肯再往上爬，只能让爸爸抱了上去。

不断地克服困难能发展孩子的潜能，父母的粗暴、忽视、干涉和误解，会在很大程度上伤害女孩，长此以往，有可能使女孩失去探索周围事物的兴趣，变得胆小怯懦、麻木不仁，不懂尊重自己、不懂尊重他人。

有些女孩做什么事都跃跃欲试，喜欢挑战超过自己能力的事情，比如：脚还够不着自行车蹬子，就想骑自行车在小区里转悠；从来没有下过水，就想跳到水中游泳……对于这一点，父母不要轻率地否认女孩想要试试自己能力的举动，更不要在女孩耳边聒噪"你想做这个还早呢！""那可不行啊！太危险！""太吓人了，千万不能做啊！"把父母的判断强加给孩子，很容易让她们对自己失去信心，无异于当头泼冷水。

一位儿童文学家说："人应该有探索、有追求，而这些都要从从小培养孩子的独立性和主动性做起。"孩子本来是无所畏惧的，在冒险中，积极探索的精神和自信心就会从此产生，多给她们一些鼓励，她们就会对自己多一些认可和肯定。

◆给女孩提供探索的机会

女孩对周围的许多事物都会感到好奇，凡事都想弄个明白，并从中感受乐趣，父母不要抑制女孩的探索活动，要引导她们大胆地去思考，允许她们创造性地尝试。

给女孩提供探索尝试的机会异常重要，要让女孩保持好奇心和主动学习的状态，鼓励她们做一些尝试。

一直以来，女儿都想去爬黄山，爸爸便向她许诺，如果期末考试能考到前五名，就带她去，让她到黄山玩个痛快。为了得到这个奖励，女儿特别努力，结果期末考试取得了第三名的好成绩。

为了兑现自己对女儿许下的诺言，爸爸特意跟公司请了一星期的假，带女儿去了安徽。在一个风和日丽的日子里，他带着女儿来到梦想中的黄山脚下。女儿看到自己的梦想实现，开心得又蹦又跳，一路向上而行，玩得不亦乐乎。身边总有家长和孩子走过，一打听，原来都是利用假期带孩子们来玩的。

对未知世界的探索，会让女孩多接触世界，努力开阔眼界。

不敢放开自己的双手，时刻把她们保护在"安全"的范围内，只会让女孩更加懦弱。要锻炼女孩的探索意识，就要给她们提供适当的探索机会。

如果女孩想爬山，就鼓励她们去爬，你只要在后面做好保护即可；如果女孩想学着做饭，也要鼓励她们去做，引导她们；如果女孩对星空感兴趣，可以为她们提供必要的工具，让她们去看、去观察；如果女孩喜欢花花草草，可以让她培养、照顾一些花草……

家长的工作就是在她们做完之后做出肯定的评判。

◆**鼓励女孩参加训练勇气的项目**

德国著名的诗人歌德曾说："你若失去了财产——你只失去了一点儿。你若失去了荣誉——你就丢掉了许多。你若失去了勇敢——你就把一切都丢掉了！"没有勇气的女孩是很难健康成长的；丢掉了勇气，她们就没有了继续前行的魄力，变得畏缩不前，甚至更加胆小和怯懦。在现实中，很多女孩之所以不敢探索、不敢冒险尝试，主要是因为胆子太小，缺乏勇气。

性格胆小怯懦，不仅不利于女孩正常的心理发展，还会使她们失去很多展示自己、锻炼自己的机会。所以如果女孩胆小和恐惧，父母就要采取正确的方法鼓励她们多参加训练勇气的项目，帮助她们从恐惧中解脱出来，逐渐打消恐惧心理，进而变得勇敢起来。

为了使女儿变得更加勇敢，妈妈经常带女儿去参加体育锻炼，还特意加入了一些训练勇气的项目，玩勇敢者游戏、练习碰撞等。女孩很喜欢在游戏中和妈妈较量，并在这个过程中一步步增长勇气，更学会了如何保护自己。

有一次，女孩玩耍时不小心摔了一跤，手掌也被擦破了，看到这个情景，女孩小脸一拉，眼泪就落了下来。妈妈没有责怪她的顽皮，也没有搂着她心疼地安慰，而是一边帮她处理伤口，一边说："你已经是个大孩子了，这点小伤算什么？上次和妈妈玩勇敢者游戏时，摔那么疼，你都没哭，所以妈妈一直认为你是一个非常勇敢的女孩，待会儿妈妈教你怎么处理伤口，好不好？"女孩点点头，说："妈妈，我不怕，我也不哭，我可是勇敢的孩子。如果有其他小朋友受伤了，我也会帮他们包扎。"

这位妈妈是明智的，她不仅教会女孩勇敢，还教会女孩如何在生活中保护自己。女孩的勇气就像人生航船上的风帆，即使遇到了狂风暴雨，只要努力鼓起风帆，她们就有力量冲破阻碍。

要想让女孩变得更勇敢一点，就要从下面几点做起：

理智地面对女孩的小伤口。生活中免不了会磕磕碰碰，头撞疼了、手划伤了，不要大惊小怪，不要过于紧张。

不拿女孩和别人家的女孩做比较。总是跟女孩抱怨"你真笨，这有什么好害怕的？你看那谁。"会让女孩渐渐产生反抗情绪和自卑感，要多肯定女孩的优点。

鼓励女孩独立完成力所能及的事情，自己穿衣、叠被，独立购物、自己选购适当的物品等。

给自由——让她能够自己解决自己的问题

未来的社会是一个更加独立的社会状态，孩子踏入社会后会遇到各种各样的困难，有脚不会走、有脑不会想，遇事茫然不知所措，注定无法实现自我价值，所以培养女孩独立解决问题的能力非常重要。不会主动和独立地解决问题，只会按部就班地按照惯常的生活路线走，一旦发生了变化，就会无所适从。

一次，父母因急事没有回家，面对这个突发事件，小七不知道该怎么办，居然就在门外等了近 6 个小时。

周女士晚上遛弯回来，由于楼道里的灯坏了，什么也看不清楚，开始她没在意，上到 4 楼才隐约听见哭声，上去一看，原来是小七坐在门口哭。周女士认得小七，就住在她家对门。

周女士问小七怎么回事，小七才说爸妈不在家，她开不了门。

周女士站直身子，看到门上贴着一张纸条，让女孩回来后去奶奶家，可能是小七没看见字条。

于是周女士让小七先来自己家，小七一看是对门的邻居，便跟着进了门。周女士给又冻又饿的小七做了点吃的，吃完后又安排小七睡下。

回到家看到父母不在家，居然只会在门口等，而不知道去找邻居帮忙，或者给亲戚打电话，如果不是周女士及时发现了小七，说不定她真会在门外冻一个晚上。为什么现在的女孩这么缺乏解决问题的能力和应变能力？其中一个原因就是，父母太溺爱女孩，在日常生活中对女孩的事情包办的太多。女孩的很多事，事无巨细都由父母代劳，在这种环境下，很多女孩变成只会读书的书虫，缺乏生存能力。

生活中，任何时候都可能会发生意想不到的事情，怎样去解决突发情况？不依靠别人或不给别人添麻烦，对女孩来说，是一项必备的生活技能。试想一下，如果一个女孩的事情都需要父母来解决，一旦父母有事无法照看，那她的生活将是一番怎样的场景？所以说提高女孩独立解决问题的能力异常重要。

孩子的事总归需要她们自己去解决，父母的包办和代替只能帮一时，不能帮她们一辈子，因此要从小让女孩学着独立解决问题，学会自己的事情自己做，不给别人添麻烦。

◆让女孩独立解决生活中的问题

女孩的发展主要取决于两方面：一个是先天遗传，一个是后天培养，这两个因素都对女孩的发展起着非常重要的作用。其中最主要的是培养女孩的独立性，提高她们自己解决问题的能力。

如今很多女孩遇到问题都会直接向父母寻求帮助，可是父母过度帮助女孩处理问题，只能教出依赖心很重的女孩。不要小看女孩的能力，她们能自己处理很多复杂的问题。想做有智慧的父母，就要放手让女孩自己去解决遇到的问题，让女孩做自己生活的主角，父母只要在一边为女孩提供适当的引导、适度的保护即可。总之，主动做配角，才是智慧父母的典型做法。

　　爸爸下班回到家，发现已经放学的茹茹在大门口使劲地开门。原来，她打不开门了。看到爸爸，急得满头大汗的茹茹立刻让开位置，说："这锁可真难开，还是您来开吧！"

　　爸爸并没有去接茹茹的钥匙，而是对她说："这么简单的问题都要我帮忙，如果我不回来，你会怎么办？"说着，爸爸做了一个无能为力的表情。

　　茹茹觉得有点委屈，刚想发作，爸爸又说："想想看，其他人遇到这种情况，会怎么处理？"

　　茹茹想了想，说："滴两滴润滑油在上面！可是，这里没有油。"

　　爸爸不吭声，茹茹想了想，高兴地一拍脑袋。她放下书包，拿出文具盒，用小刀削了一点铅笔芯的末儿，然后把这些末儿倒进了钥匙孔里，然后很轻松地打开了门。

　　爸爸进门后，一边换鞋，一边对茹茹说："我就知道，你一定能依靠自己来处理问题，只要多想想就行了。"

　　还有一次，茹茹放学回来，愁眉苦脸地对妈妈说："六一节，我们班要组织一次野餐活动。老师让自己解决需要的钱，不能向家长要，我该怎么办？"

　　"那你就想办法自己解决吧。"妈妈微笑着说。

　　"可是，我到哪里去想办法啊？我又没钱，要不妈妈先给我垫上？"茹茹央求妈妈。

　　"不行，一定要按老师说的做。但可以使用压岁钱，也可以自己挣钱。认真想一想，我相信你一定能将这个问题解决的。"妈妈严肃地对茹茹说。

茹茹没有办法，只好自己想办法。想了很久，终于想出个好办法：她和几个同学相约到附近的小区收矿泉水瓶，然后卖到废品站。虽然比较辛苦，可是一个星期下来，竟也挣了不少钱。到了周末，她们就高高兴兴地去野餐了。

每个女孩的身上都蕴含着巨大的潜力，在女孩遇到问题时，要鼓励她们充分挖掘自己的潜力，自己去解决问题。女孩长大后终究会在未来的一天面对问题、面对人生，不具备一定的适应能力，没有善于思考的头脑，谈何发展和进步？必然会被社会所淘汰。何况很多问题，父母根本无法代劳。因此，一定要赏识并相信自己的孩子，相信她们可以自己找到解决问题的好办法。

女孩做题遇到的问题，要鼓励她们自己想思路，不要直接将答案告诉她，更不要让她们拿着手机找答案；女孩练习演讲总是出错，要引导她们自己找到问题所在，自己将问题解决掉。

◆鼓励女孩自己解决人际问题

女孩都是在与人打交道的过程中学会与人相处、学会解决问题的，父母要相信：自己的女儿能够通过实践锻炼找到解决问题的办法。

女孩也是社会中的一员，也要跟不同的人打交道，需要处理不同的人际关系。在学校，会跟同学相处；外出，会遇到不同的路人；购物，会遇到不同的售货员和顾客……如果与这些人发生了矛盾，就要鼓励她们自己来处理各种人际问题。

一天，妈妈让小艺到附近书店买本书。小艺回来后，把书和钱一块儿交给妈妈。

妈妈拿到钱，发现钱缺了一个角，便对小艺说："小艺，把这钱拿回去，让老板给换张完整的。如果老板不给换，自己想想看如何跟老板说他才会换。"

一会儿，小艺回来了，手里依然拿着缺了角的钱。妈妈问她怎么回事，小艺生气地说："我让老板给换张好的，老板说这钱不是他们找的，不给换。"

妈妈说："你再去一次，想想如何和老板交涉。"小艺又出去了，一会儿回来了，仍然没有把钱换回来。妈妈让小艺说一下过程，小艺有点气愤地说："我让老板给我换钱，不然以后就不买他的书了，可他还是不给我换。"

妈妈说："再想想还有什么办法？"小艺又去了，不过这次回来时，手里拿着一张完整的钱。妈妈问："这次是怎么办到的？"

小艺兴奋地说："我告诉老板，是他不诚信在先，如果他不给我换钱，我就把这件事情告诉我的同学，让他们不来买他的书，他就会损失一大批顾客。老板听我说这些，就给我换了。"

妈妈高兴地拥抱着小艺，称赞她真能干。

跟女孩有关的一些生活小事，让家长代劳，确实能在最短的时间里将问题解决掉，可是女孩以后还会遇到同样的问题，不会独立处理，到时候该找谁帮忙？让女孩自己学会解决问题，不仅能让她们学会独立思考，还有利于锻炼她们独立解决问题的能力，提高对自己的认识。

当然，要想让女孩提高人际交往能力，不仅要教给女孩人际交往的基本技巧，还需要在潜移默化中影响她。当女孩遇到交往中的问题时，不要过多地参与干涉，要相信她们处理事情的能力，为她们独立解决人际交往问题创造机会。

良好的人际交往能力有利于女孩健全人格，在女孩与人交往的过程中，要给予女孩充分的鼓励和信任，鼓励女孩大胆与人交往，学会交流，学会解决问题。

第二章

自爱：自爱的女孩都有一种力求完善的动力

保护自己——懂得保护自己

在女孩的成长过程中，让她们快快乐乐、健健康康地成长是每个父母的愿望。其关键就在于让她们建立良好的"自我价值"观念，让她们懂得保护自己。

小叶是一名高二的学生，性格比较内向，有点沉默寡言；任何事情都喜欢放在心里，不善于和父母、同学和老师交流。她很勤奋，学习认真刻苦，可是成绩并不理想，总受到父母的责备。

为了改变这种状况，小叶投入了更多的时间和精力，可是直到高二下半学期期末考试，成绩依然没有提高。她感到压力很大，居然生出了"离开这个世界"的念头，吞食了大量的安眠药。幸亏被大人发现，及时送到医院进行抢救，才没有酿成悲剧。

到底是什么让这样一个花季少女选择死亡而抛弃多彩的世界？为什么现在女孩愈发脆弱，经不起挫折和失败，动不动就想自杀？

维持女孩生存在这个世界的原动力，是她的自我价值。所谓的自我价值，就是一个人的自信、自尊和自爱。有自我价值观的女孩，懂得珍爱自己，生活态度积极上进。

人生有多少成功、快乐、满足和幸福将取决于女孩是否足够自信、自爱与自尊。如果想让女孩感受到生活的乐趣和魅力，就要让她们爱自己。珍爱自己的一切，包括优点、缺点、梦想和自己身上的一切……即使女孩觉得自己不漂亮、不聪明，也要引导她们珍爱自己，因为只有懂得珍爱自己，其心灵才能触碰到真实的世界。

从一定程度上来说，女孩保护自己的能力都是从父母那里得来的。父母教会女孩自爱，是送给她们保护自己的好礼物。这份礼物能给她们带来成长的动力和勇气：爱自己，接受自己，宽容自己，坦诚地与自己进行沟通；要引导女孩正确地认识自己，既不自以为是，也不妄自菲薄，了解让自己感到幸福和满足的原因。

◆帮助女孩正确认识自己

现实中，很多女孩之所以不懂自爱，主要是因为对自己的认识不全面，觉得自己不优秀，自己不管怎样努力，都无法超过其他孩子。要让女孩学会爱护自己，首先就要让她们正确认识自己，让她们明白：任何人都不是十全十美的，每个人都有优点和缺点，看到自己不如别人，既不要感到自卑，更不能自暴自弃。

有个自卑的小女孩在日记中写道：

　　最近，我越来越觉得自己是全班最自卑的人。我不知道怎样才能说清楚自己此时的心情，我感到非常痛苦，而所有的这一切都是因为我长得不漂亮、声音太粗，这就是我自卑的根源。

　　在班上，无论是男同学，还是女同学，都喜欢用轻视的眼光看我。今天，老师表扬了我的作文，她说我的作文贴合生活实际、语言形象，还让我进行了朗读。可是，我一开始读，下面就传出了同学窃窃私语的声音："这个作文是她写的吗？""我看是别人帮写的吧？"

前几天，我在一家超市门前捡到了一个钱包，交给超市前台。后来，失主找来，不知道他是如何知道我所在学校和班级的，还将感谢信送到了学校。学校在周一升国旗的时候表扬了我，还给我颁发了锦旗，可是就在我下台的时候，却听到同学说："她怎么也能上台领奖，为什么这样的好事她能遇上？"听到这里，我快走几步，感到很难过。

父亲了解到我的现状后，及时帮我把不良情绪发泄了出去，并对我的痛苦表现出同感和理解，父亲告诉我"相貌不代表一切，心灵美才是最重要的"，同时还帮我找到了许多优点：拾金不昧、有礼貌、有爱心……在父亲的鼓励下，自卑的我，脸上终于有了微笑。

在这封信中，"我"的控诉正是自卑的体现，主要根源就在于"理想我"与"实际我"之间的严重失调。女孩希望自己成为出类拔萃的好学生，成为同学们受欢迎的好朋友，可是因为长相普通和同学的负面评价，使她自信心急速下降，甚至一度否定自己。

让女孩正确地认识自己，将来她才会更加爱护自己。父母要注意并善于发现女孩的优点和进步，及时地做出肯定和表扬，增强女孩的自信心，慢慢地将她从自卑的旋涡中拉出来。

◆让女孩认识到生命的价值

有时在网络中会看到一些孩子跳楼、自杀的新闻，我们在为这些孩子感到惋惜的同时，也应该意识到，让孩子正确认识生命的价值多么重要。如果有一天，宝贝女儿好奇地问你："人为什么会活着啊？"不要被她的问题吓住，她可能只是感到好奇而已。那么，该如何巧妙地回答女孩的这个问题呢？有一位家长是这样做的：

> 一天，女儿突然好奇地问我："妈妈，人活着究竟是为什么？"
>
> 我觉得女儿能提出这样的问题，确实不错，便回答说："我认为，人是因为爱而活着，就像妈妈是因为有爸爸、你、外公、外婆的爱而活着。因为你们的爱，我很有成就感，所以生活得很快乐。"
>
> 女儿歪着小脑袋又问："那我们要是不爱你了呢？"
>
> 我笑了一下，说："即使那样，妈妈也会把所有的爱无私地奉献给你们，为你们能感受到我的爱而活着。"
>
> 女儿点点头说："妈妈，我知道了，我也要为了爱而活着。"

对"人为什么而活着"这样的问题，成年人通常都会给出不同的答案，可是，面对年幼的女孩时，就要灵活地告诉她：人是为了理想而活着、为了爱与被爱而活着、为了目标和责任而活着……无论是何种答案，传递给女孩的思想宗旨不能变，那就是：生活是美好和有希望的，无论遇到什么难事，都要坚强地活着。

在对自己的女儿讲到"死"时，很多家长都会闪烁其词，要不就是用浪漫的语言掩盖；而在漫画类少年读物上看到关于死亡的问题时，更多是用神话或浪漫体验来代替……这些做法，都会在客观上淡化死亡的可怕性，甚至还会让女孩产生一种错误认知：死不算什么，只是一个通道。这种认知显然是不科学的。

在对女孩进行"生命与死亡"教育时，首先要让女孩明白死亡的客观存在，每个人都会面对。接着要告诉女孩，死亡既不浪漫，也不可怕，而是一件人人都会遇到的平常事，要坦然面对。

远离危险——不让她陷入险境

自爱的另一个含义就是，保护自己。连自己都保护不了，自身安全都无法保障，更谈不上爱自己了。女孩年龄小，处世经验少，一定要让她们警惕身边可能伸过来的魔掌，抵御别人小恩小惠的诱惑，在平时养成自尊自爱的好习惯，遭遇到危险时用合适的方式保护自己。一定要告诉她们，要想不让自己陷入险境，就要尽量远离危险。

因为已经跟妈妈约好放学来接，放学后，晓珊就没有和其他同学一起回家，而是在校门口等着。同学陆陆续续走完了，刚才还热热闹闹的校门口一下子冷清了许多。晓珊感到有点着急了："怎么还不来啊！"

不一会儿，一个骑电动车的中年妇女迎了上来，对晓珊说："孩子，你妈妈出了点事，让我来接你回家。"晓珊从来没有见过这个人，听了她的话，觉得有点不对劲，就问："我妈现在在哪儿？"

中年妇女说："你爸遇到了车祸，你妈在医院陪着，让我接你直接去医院。"听她这样讲，晓珊更觉得奇怪了，眼前的这位中年妇女别是个骗子吧？

晓珊继续问她："你知道我叫什么名字吗？"

"你叫……"中年妇女顿住了，"哎呀！你爸妈都在医院，大人有很多事情忙，没打听你叫什么。你就跟我走吧，还怕我骗你不成？"

"不行，我妈让我等她，我才不跟你走！"晓珊大声喊道。

中年妇女看到晓珊不为所动，上前一把拉住晓珊说："这么大声干吗？快跟我走，快走！"说着，就要拽晓珊上车。

晓珊断定中年妇女肯定是骗子，抑或是人贩子，没有其他办法，只能拼命大喊："我不认识你，你走，你走！"正在这时，晓珊的妈妈从远处赶来，晓珊喜出望外地向那里跑去，再看那个中年妇女，已经骑电动车走远了。

很多不法分子在行骗时，都会利用女孩的虚荣、贪财心理，说些甜言蜜语，送些礼品和钱物，用小恩小惠使女孩渐渐钻入他们的圈套。其实，不管他们采用何种手段，都有一个共同点：想方设法骗取女孩的信任，让女孩听他摆布。对这些不怀好意的人，一定要让女孩提高警惕，认清他们的真面目。

在教育女孩的过程中，家长一定要告诉她：一旦遇到坏人，首先要记住行走路线和罪犯的相貌特征，要沉着冷静，不要惊慌，不要没有目的地乱跑；遇到警察、军人时，要大声向他们呼救，求得对方帮助。当然，重要的还是树立坚强的求生意识，勇敢机智地面对困难，只要有一线希望，就要用十倍的力量去争取，千万不要害怕！

◆**教女孩一些基本的安全常识**

生活有美好、阳光的一面，也有危险、阴暗的一面。处于成长时期的女孩，阅历少，社会经验不足，鉴别能力较弱，更应该让她们加强自我保护意识。很多女孩之所以安全意识弱，主要是因为根本就不知道哪些是危险的、哪些是安全的？要想让女孩远离危险，就要将基本的安全知识直接教给她们。

周末，小妮一个人在客厅里写作业。

"当当当……"屋外有人敲门，但却不说话。

"谁？"小妮问。可是，外面没有人搭话。

门外的人拧开了小妮家的防盗门，直接敲她家的木门。

糟了，小妮这才想起来妈妈出去时忘了锁防盗门。

"当当当……"声音听起来异样刺耳，可是这个人到底是谁啊？小妮躲在屋里，有点害怕。她再次鼓起勇气大喊一声："谁啊？"外面的人仍然不说话。

小妮想，让他在外面敲门吧，不理他就是了。可是，如果这个人把家门撬开了怎么办？小妮越想越害怕，情急之下拨通了妈妈的电话："妈妈……防盗门没锁……有个人一直敲门不说话……我害怕……他在撬门。"

"小妮，冷静一点，我就在楼下，立刻就上楼。"

听到妈妈立刻就要上楼了，小妮一下踏实了。她贴着门，听着外面大人的对话。

"请问，您找谁？"不一会儿，小妮就听到了外面妈妈的声音。

那个人依旧不说话，不知在外面做什么，然后就走了。

妈妈敲敲门："小妮，是妈妈，开门！"

小妮打开门，问妈妈："刚才那个人是谁，吓死我了。"

"他是个聋哑人，而且看样子是个乞丐，只是想讨一点钱，没有别的恶意。"妈妈向小妮说道，"不过，你的做法是正确的，对待陌生人一定要多几分防备。害人之心不可有，防人之心不可无啊。"

女孩一个人在家时，经常会碰到有人敲门，比如："我是修水表的，你爸妈打电话让我现在过来，给我开门吧。""我是送快递的，出来帮你家大人收一下。"……很多女孩没有保护自己的意识，不假思索地相信对方，开门、递给对方手机，这样很容易危及自己的生命安全。

自我保护意识薄弱，就给不法分子提供了可乘之机，悲剧也由此出现。在我们身边，这种事例有很多，所以一定要让女孩提高警惕，增强观察、识别能力，不被坏人的甜言蜜语所迷惑，谨防上当受骗。同时，还要让女孩学会与坏人巧妙周旋、斗智斗勇，尽力保护自己，增强自我保护能力。

教育女孩遇到危险的时候，要保持冷静；不要让女孩随意泄露个人及家庭情况，以免被不法分子利用；告诉女孩遇到暴力侵害时，不要盲目硬拼，更不要不知所措，要镇静、机智地与之周旋，寻找机会脱身并报警。

◆通过情境训练，提高女孩的安全意识

在女孩的成长过程中，或多或少都会遇到一些危急情况，在女孩的安全教育问题上，不能只用言语叮嘱她们这个不能干那个不能干，不能过于把女孩收在自己的"羽翼"下，要采用理论知识和实践活动相结合的方法，让女孩真正得到安全。

小可今年10岁，眼看就要长成大姑娘了，可是非常单纯，一点自我保护意识都没有。小可妈妈觉得这样很不好，因为生活中到处都是危险和诱惑，应该提高女儿的警惕性。于是没事的时候，她就和女儿做情景训练。

妈妈问小可："要是爸爸妈妈都不在家，有陌生人叫门，你开不开？"

小可想了想，说："不开，给陌生人开门太危险。"

妈妈点点头，说："对，不能开。可是，如果叫门的是你认识的人呢？比如爸妈的同事或朋友。"

小可又想了想，说："开，都是认识的人。"

妈妈说："咱们前些天不是在电视上看过吗，很多小孩都是被熟人绑架的。"

于是小可说："那就不开。"

妈妈接着说道："你可以给认识的人开门，可是开门前要先给爸爸妈妈打个电话。"

除了这个开门问题外，小可妈妈还和女儿做过其他的情景训练，比如遇到坏人怎么办、遇到骗子怎么办……小可妈妈觉得，情景训练的方式比单纯说教的方法要好得多，不仅孩子更容易接受，确实遇到这种情况时，也更便于孩子想起应对方法。

要想提高女孩的安全意识，仅仅将基本常识告诉她是不够的。为了提高女孩的认识，可以给她们进行一些情景训练。如此，她们就会知道，某种危险有什么特点、该如何应对等。

想要更科学地帮助女孩树立安全意识，要从细节做起，一些细节要反复提醒。安全教育具有双面性，在教育女孩免受他人伤害的同时，也要教育女孩不要去伤害他人。

远离诱惑——拒绝应拒绝的东西，提高抗拒诱惑的能力

社会是复杂的，诱惑是多重的，很多女孩之所以会受到伤害，一个原因就是无法抗拒各类诱惑。看到自己喜欢的、心仪的，就直接扑上去，根本不管有没有危险。须知，社会上到处都充满了诱惑，一不留神就会深陷其中。女孩抗拒诱惑的能力弱，很容易伤害自己，要想让女孩做到自爱，就要引导她们远离诱惑，拒绝该拒绝的东西。

10岁的晓丽已有两年的"网龄"，没事的时候就喜欢在网上交网友、玩网络游戏。寒暑假或周末时，每天只要父母一出门，她就会打开电脑，直接登录网页；如果爸妈在家，她就会谎称去同学家做作业，然后偷偷泡在网吧玩流行的某舞蹈类休闲网游，甚至还会逃课到网吧玩游戏。

晓丽在游戏里的人缘非常好，舞也跳得不错，还是一个"家族"中的骨干成员。平时只要提到这款网游，伙伴们都对她赞叹不已。在网络世界里，晓丽由现实中成绩平平的女生变成了了不起的高级玩家。

后来网络上又开始流行一款偷菜的网络游戏，晓丽非常着迷，

上课时还在想着自己在网上的"菜"会不会被别人偷走，根本无法集中注意力。下午一放学，她就会飞奔到网吧，万分着急地去查看自己的"菜园"，甚至晚上睡觉时还会想着"偷菜"的事情，在爸爸妈妈睡着之后，偷偷地到书房打开电脑上网。

看到女儿沉迷网络游戏，爸爸妈妈非常恼火，轮番说教，但一点作用都没有，不得已之下爸爸动手打了晓丽。其实，晓丽也知道无节制地上网是不对的，但就是管不住自己，真不知道怎么办……

女孩一些不良心理动机的形成，都与她们所受的"诱惑"有关，因此培养女孩"抗诱惑"的能力非常必要。

长期沉迷于网络世界，女孩就会变得越来越不适应现实生活，甚至会惧怕现实生活中的人，会渐渐与现实中的人失去联系。因此，父母应该合理引导女孩上网，趋利避害，让女孩的网络世界变得广阔而纯净，让女孩多关注丰富的知识和能力，感受到收获和快乐的喜悦。

◆让女孩学会自我克制

自制力，是女孩健康成长需要具备的一项基本能力。不懂克制自己，女孩就容易将危险的东西收入囊中。只有提高了自制力，才能控制自己不去接受，对女孩也更安全。

一次，周女士正在厨房蒸鸡蛋羹，女儿闻见香味跑了进来。

女儿："妈，我要吃蛋羹。"

周女士："蛋羹还没有蒸好，再等5分钟吧。"

女儿不答应了："我等不及了，现在就要吃。"

周女士："宝贝，蛋羹没有蒸好，怎么能吃？你如果饿，就先吃块面包吧。"

女儿："不，我就要吃蛋羹。"

周女士了解女儿的心理，知道她自控能力差、无法抵制外在诱惑和内在欲望。为了让她明白什么是等待，周女士将女儿带出厨房。

5分钟后，女儿又跑了回来，焦急地对周女士说："5分钟到了，我要吃蛋羹。"

这时，蛋羹确实已经蒸好了，但为了使女儿有耐心，周女士并没有立刻给她，而是让她再安静地等一会儿："再等一等，蛋羹虽然蒸好了，但它现在很烫，你不能吃。"

女儿哭闹起来："不，我不怕烫，我现在就要吃。"

周女士拉着女儿的手安慰道："宝贝，你要学会'等一等'，烫的食物怎么能吃呢？会烫伤嘴的。妈妈陪你一起等一等好不好啊？等凉点了再吃。"

女儿稳住了情绪，点了点头。几分钟后，周女士把蒸好的蛋羹放在餐桌上："哇，好香呀，现在可以吃了。"女儿高兴地拿起勺子吃了起来。

利用"等一等"的方法，可以有意识地训练女孩的自控能力。不能理性地对待女孩的欲求过分，会在有意无意中纵容和培养女孩的这种心态和习惯。最重要的是，父母应设法让女孩懂得：诱惑无处不在，欲望会随时产生，地球不会围着你一个人转，必须学会等待，学会控制自己的情感和行为。

让女孩逐渐学会自控，也是她们长大的重要标志，家长不要过于着急。在培养女孩的自控能力时，要将道理和奖励有效结合起来，让女孩学会用道理来控制自己的行为。同时，不要对女孩的努力给予太可观的物质奖励，应帮助女孩建立一种内在的奖励制度，让她对自己做好的事情感到满意。

◆**让女孩远离网络的诱惑**

如今很多父母都是"谈网色变"，社会各界也是议论纷纷，有的叫"停"，有的喊"堵"，还有的说"疏"……作为女孩的监护人，父母制定使用电脑规则时，要根据女孩不同的习性及心理特点来制定，如果女孩的自制力和执行力都比较强，制定的规则内容要多侧重女孩的学习和知识；反之，如果女孩的自制力差、执行力差，就要多重点关注时间长短上的限制，尽量让女孩少接触网络。

> 一到节假日，小点妈妈就会感到坐立不安，因为她担心的事情总会发生，女儿总是将大量的时间花在网络上，只要小点一坐在电脑前，小点妈妈就会感到忧虑紧张。为了不让女儿染上网瘾，小点妈妈总是在房间里走来走去，对女儿唠唠叨叨，严加指责。最后，小点妈妈实在受不了了，索性给电脑设置了密码，甚至还掐了网线。小点非常气恼，开始偷偷地跑到外面的网吧上网；而且，为了筹够上网的钱，她还学会了撒谎。

一般来说，女孩没有男孩的网瘾大，可是沉溺于网络的女孩还是非常令父母担忧的。面对错综复杂的网络世界，自我保护意识不强，女孩就很可能受到伤害。父母如果采取错误的教育方法，无端地指责和强烈限制，只会让女孩离家人越来越远。

其实网络时代每天上两个小时的网，并不算成瘾，父母大可不必草木皆兵。明智的父母不会用指责和抱怨来阻止女孩上网，而会引导女孩健康地使用网络，让女孩利用信息丰富的网络世界来充实现实世界中的学习和生活。

引导女孩抵御网络的诱惑，可以从几方面做起：

转移视线，比如，可以将电脑中的聊天软件换成有意思的学习软件。

巧妙限制，在女孩上网之前，可以约法三章，比如：限制网友、限制上网时间、限制上网内容和上网地点等。

温情沟通，放下家长的架子，以朋友的形式与女孩交流、沟通；还可以适当增加一些亲子游戏和户外活动，这样女孩上网成瘾的机会就会慢慢减少。

提高自己——让她感觉到自己的价值

爱是一种感受，真正爱女孩就要让她们感受到自己的价值。父母需要让女孩感受到自己的价值，让她们感觉到被他人需要，这样她们会更愿意提高自己，生命更有活力！

最近，小涵妈妈感到很苦恼，因为性格内向的女儿一天比一天糟糕，无论是在学校，还是在家里，她永远都像空气一样，在学校既不主动参加活动，也不积极回答问题，总是一个人低着头坐在一边。放学回到家，总是把自己关在屋子里。

为什么会这样？原因是小涵过度自卑，完全感受不到自己的价值。这件事，要从春节说起：春节期间，小涵跟着爸爸妈妈去参加父母的朋友聚会，几个孩子都和小涵同龄，虽然小涵平时有点内向，但还是玩得很开心。

大人们谈论自己的事情，突然话锋一转，话题引到了孩子的教育问题上，小涵妈妈拼命地叹气，说自己的女儿如何如何不优秀，什么也学不会。听到妈妈的话，正玩在兴头上的小涵，突然就不高兴了。可是，小涵妈妈没有觉察到，还在拼命列举女儿的不是。

这时，一个朋友提议说，让孩子们唱首歌。结果，大部分孩子都唱了一首自己喜欢的歌。小涵妈妈也想让小涵上去唱一首，可是小涵不喜欢唱歌，平时也不唱，她都不知道怎么唱，再加上刚才妈妈一直说她的不好，小涵闹情绪，就是不说话。

妈妈不依不饶，小涵没有办法，就说："我不会唱歌，我跳个舞，可以吗？"周围的人们都点点头，可是小涵妈妈依然觉得自己没有面子，说："你这个孩子，怎么连唱歌都不会，真是烂泥扶不上墙啊，大家都唱歌，你跳什么舞？再说了你那是跳舞吗？就是瞎晃。"

小涵不再说话，直接低下头，拿了一根烤肠吃。烤肠刚拿到手，小涵妈妈就一把抢过来说："真不懂事，叔叔阿姨都没有吃，其他小朋友也没有吃，你怎么能先吃？"……

听着妈妈的话，小涵眼睛里开始泛起泪花，一边哭一边坐了下来，直到回家。从这之后，小涵变得更加内向了。

小涵妈妈不知道的是，小涵之所以会出现这种情况，完全是因为过度自卑造成的。自卑是一种不能自助的复杂情感，是一种不平衡的行为状态，长期活在自卑中，就会被自卑所笼罩，会严重影响身心发展和人际交往，自卑的人看不到自己的价值，即使非常聪明，也会因为自卑无法将自己的能力发挥出来。

每个人都不希望自己在他人眼中是毫无价值的，女孩同样如此。因此，家长要引导女孩减少自卑，让自己变得有价值。

◆突出自我价值，就要从认识自己的优势开始

如果女孩觉得自己技不如人、学习成绩不如别人，家长一定要及时鼓励，帮她们罗列出所有的兴趣爱好、能力和特长，让女孩认识到自己的优点和缺点，客观认识自己；要让她们在肯定自我的基础上，冷静地看到自己的长处和不足，充分发挥自身的长处，用更积极的态度来应对现实。

小玉是个害羞胆小的女孩，平时落落寡合，不喜欢和其他同学一起玩，也不喜欢集体活动。上课时，老师要求同学回答问题，她也从来不举手。

妈妈从老师的口中知道这些事后，就问小玉："小玉，你为什么不喜欢和别人一起玩？"

小玉说："我成绩不好，我怕同学嘲笑我。"

妈妈语重心长地说："不会的，小玉，妈妈一直都觉得你很特别，现在成绩不好，可能是没有找到好的方法吧，可是，你在其他方面很有天赋啊，没必要和别人比，你是独一无二的。我上周看你拿回来的作业本，美术课的成绩不错呀！"

小玉说："美术老师经常表扬我。"说着，小玉露出自豪的神色。

妈妈笑着说："小玉，你喜欢画画，就多画一些吧！不喜欢和小朋友玩，只要自己不闷就行。"

从此，小玉就认真画画，妈妈还为她聘请了一个老师，专门教她画画。

虽然在学校，小玉其他科目的成绩并不出色，可是，因为她的绘画才能，她经常得到老师的表扬，甚至还参加过比赛。很多同学都喜欢小玉的画，和小玉主动交流的同学越来越多。虽然小玉和以前一样不爱说话，但她用自己的方式，赢得了很多同学的友谊。

小玉不善言谈，可是妈妈却发现她的绘画特别好，在妈妈的夸奖鼓励下，小玉用自己的长处弥补了短处，获得了自信。家长要多夸奖女孩的优点，让女孩扬长避短，不断提高自己，享受到更多的成功快乐。

每个女孩都有独特的个性、习惯，不要因为她们太内向或某些地方表现得不尽如人意，就认为她们不如别人；要指出女孩身上的优点，让女孩正确地看待自己的特点，挖掘自己的长项，将自己的天赋充分发挥出来。

◆让女孩认识到自己的价值，不要拿女孩去做比较

每个女孩的智能发展是不均衡的，每个人都有各自的强项和弱项。如果女孩能找到自己的强项，就更容易让自己的潜力得到充分发挥，更容易取得骄人的成就。家长希望孩子做得尽善尽美是人之常情，可是这种做法不仅会让孩子反感，还会让孩子丧失对自己的信心。

每个女孩都有自己独一无二的个性，为什么非得让她们成为别人的复制品？拿自己的女儿和别人做比较，结果往往是：女儿痛苦，家长更痛苦。也许有的家长会问："我只是想了解她进步了多少，让她明白不能骄傲而已，或者为她寻找一个合适的目标。如果不用这种方法，还有什么更好的方法吗？"当然有，下面就是一位犹太家长的做法：

有个小女孩叫格兰特，一次考试后，她的成绩一落千丈。格兰特的心情糟透了，往日的活泼开朗不见了，变得沉默寡言。格兰特觉得自己很笨，没脸见朋友，整天把自己关在屋子里。

妈妈发现了格兰特的变化，便和她一起分析了没考好的原因，逐条列出，最后她们发现：这次之所以没考好，是因为格兰特单词记忆不牢固，不愿意动脑子思考问题，而这些困难都是格兰特自己能解决的。妈妈还反复告诉她："格兰特，你是个聪明的女孩，你还记得吗？你4岁时就会画出好看的画了。"

談話結束後妈妈还给格兰特留了一张小纸条：一个人的进步不是一朝一夕可以做到，只要不断努力，及时总结经验，找到方法技巧，一切都会好起来。

从此之后，格兰特不再灰心丧气，每天都勤奋地学习，时常与同学一起讨论问题。没过多久，她的学习成绩就取得了很大的进步，自信和乐观又出现在了她的脸上。

把女孩当作商品比来比去，很容易出现两种结果：一种是，较差的一方会更糟糕，觉得自己一无是处，什么也做不好；另一种是，较强的一方会因为优越感而过分膨胀，为了保持自己的优越位置，会不断地给自己施加压力，始终处于紧张状态。这两种结果，都不利于女孩的成长。与其把力量花在跟他人比较上，不如努力挖掘隐藏在女孩身上的可爱之处。

每个女孩都是自然界伟大的奇迹，要让她们懂得自爱，就要鼓励女孩去挖掘自己的潜力，自爱是放大女孩自信的源泉，更是使女孩实现人生价值的必由之路。

第三章

自信：自信的女孩能化平凡为神奇

干净卫生——干净卫生的女孩看起来更自信

很多父母都有这样一种感觉：无论女儿长得如何，只要她干净整洁地出现在大家面前，都会成为很受欢迎的那一个，父母也会因此为女儿感到骄傲；反之，若女儿邋里邋遢地出现在众人面前，即使她长得很漂亮，也无法得到人们的喜爱，父母也会觉得没面子。当然，除了父母的面子问题外，女孩不讲个人卫生，还会给自身带来诸多问题。不讲究个人卫生，很容易患各种疾病，也很难被周围人接受，无法赢得好人缘……因此，要想让女孩更加自信，就要让她们干净卫生。

小灵长得不漂亮，但因为爱干净，无论去任何地方，总能给别人留下良好的第一印象。

有一次，妈妈带小灵去一位阿姨家玩，阿姨看到小灵的第一眼，就喜欢上了她。第一次看到小灵，阿姨并不觉得她长得漂亮，可是，小灵干净整洁，给人如沐春风的感觉，所以第一次见到小灵就很喜欢。

小灵妈妈认为，从小能把衣服叠得整整齐齐的女孩，长大后会成为一个卫生习惯良好、注重卫生的女人。所以在小灵很小时，就重视对她进行指导。

看到小灵乱放东西时，妈妈会提醒她："衣服应该放到自己的衣橱里，玩具应该放回箱子里。"空闲时，妈妈会教小灵叠衣服。最初妈妈只教小灵叠一些内衣，熟练后教她叠大衣服和厚衣服。小灵叠衣服时，妈妈会告诉她一些技巧："把裤子沿中间的裤线折叠不会出褶，把衣服拉平之后再叠会更平整。"

在妈妈的引导下，小灵不仅养成了爱整洁的习惯，还成了一个做事情井井有条的人。

不难看出，培养女孩爱干净、注重个人卫生的习惯非常重要，不仅能帮助女孩健康成长，还能让女孩在成长之路上收获更多的肯定，让女孩充满自信。家长为了女孩的健康成长，应该积极引导女孩养成爱干净、注重个人卫生的好习惯。

干净的外表不仅能体现一个人的精神面貌，还会让女孩对自己充满自信。在教育女孩的过程中要让她们明白这样一个道理：不讲卫生、不注重个人仪表，绝不是一件小事！

◆**严格执行为女孩制订的"规则"**

有些父母为了让女儿养成干净、整洁的习惯，制订了很多规矩，比如：不洗手就不能吃东西、衣服脏了要及时换、不梳头不洗脸就不能出去玩……可规矩制订了不少，但大多数的规矩都没能严格执行下去，常常是女儿一哭一闹父母就妥协。

既然给女儿制订了规矩，就要严格执行。只有这样，规矩才能发挥它应有的作用，否则毫无用处。

女儿想用脏手去抓馒头吃，爸爸呵斥道："忘记不洗手就不能吃东西了吗？你这样会肚子疼的。"

女儿看到爸爸这样严厉，大哭起来，说什么也不吃饭了。

妈妈赶紧打圆场："来来，不哭，不洗就不洗了。让妈妈用纸巾给擦擦就好了。"

如此这样，在执行规矩的过程中，又被规矩的制订者——父母自己否定了，规矩也就失去了它应有的作用，女儿自然也会更加漠视卫生习惯的养成。

小萍妈妈在这方面就做得很好，父母们不妨借鉴一下：

每个周末，小萍妈妈都会带小萍去动物园或者公园玩。这个星期天，妈妈打算带小萍去玉渊潭公园玩。早晨，小萍起床后没有梳头洗脸就吵着要出发。看到小萍将制定的规矩完全抛到脑后，妈妈生气地对小萍说："你忘了我平时告诉你的，要讲卫生吗？梳好头发，洗完脸后，才能出去玩。"小萍听后，立刻乖乖地去洗脸梳头了。

故事中，小萍妈妈坚持原则，没有让女儿打破自己制订的规矩。这种做法是正确的，只有这样，女孩才能养成讲卫生的习惯，才会注意仪表的干净整洁，才能拥有优雅的气质，成为一位真正的小淑女。

为了培养女孩爱干净、爱整洁的习惯，生活中要注意这样几个方面：

要为女孩做爱干净、爱整洁的榜样。父母是孩子的第一任老师，一言一行都能影响到女孩。父母应为女儿做爱干净的榜样，使女儿在耳濡目染中变成一个整洁、大方的小淑女。

告诉女孩仪表干净整洁的好处。爱干净的女孩不容易生病，与邋遢的女孩相比，仪表干净整洁的女孩更容易受到别人的喜爱。

◆做女孩爱干净的榜样

家长是孩子的一面镜子，家长的一举一动都被孩子看在眼里、记在心上。如果父母在平日里非常爱干净，时间长了，在父母的熏陶下，女孩自然也会养成爱干净的好习惯；反之，如果父母非常邋遢，女孩从小习惯了脏乱的环境，就很难养成爱干净的好习惯。所以，要想培养女孩干净整洁的好习惯，首先要以身作则，为女孩树立好榜样。

> 小佳今年 10 岁，长得很漂亮，但就是不爱干净。妈妈不止一次地跟朋友抱怨："我们姑娘什么都好，爱学习，又懂事，就是不爱干净，吃饭前让她去洗手，她就冲两下，有时连手背都没湿；让她刷牙，她也懒得刷。怎么办？"
>
> 仔细思考之后，小佳妈妈意识到可能是自己平时工作繁忙不经常收拾房间影响了女儿。从那以后，小佳妈妈便开始收拾自己的房间，注意仪表的干净整洁。有一次，妈妈把自己的房间收拾干净后，把小佳叫过来问："我的房间是不是很干净？小佳想不想让自己的房间永远这么干净？"小佳说："想啊。"她又想了想，明白了妈妈的用意，然后跑回房间，把房间收拾干净。受妈妈的影响，小佳也开始讲卫生、开始注意自己的仪表。

小佳妈妈及时发现了自己不良行为对女儿的影响，并及时改正了自己的不良习惯，为女儿树立了良好的榜样。通过对女儿潜移默化的影响，让女儿开始注意仪表的干净整洁。

如果想让女儿每天都刷牙，你就要每天都坚持刷牙，并将白亮的牙齿展示给女孩看；如果想让女儿按时洗澡，你就要及时洗澡，不要连着几天不进浴室；如果想让女儿着装干净，你就不能胡乱在衣服上蹭东西，否则女孩也会有样学样；如果想让女儿保持床铺的整洁，你就不能在床铺上乱放东西，更不能在床上吃饭；如果想让女儿保持头发的整洁，你就不能整天耷拉着油光光的头发……

敢于表达——鼓励她勇敢说出自己的观点

通常女孩都敢把自己的感受、想法说出来，表示她与父母的关系是开放的，能自由交谈而无所顾忌。但是有些家长为了维护自己的权威，经常板起面孔强迫女孩按自己的指令做事，这样会损伤女孩的自尊心，引起她们的不满，使她们关闭自己的心灵，不愿再与父母沟通。

让女孩大声说出自己的想法非常重要！大声说出自己的想法，女孩的个性就能得以张扬，心灵就会得到放飞，思想就会得到解放，自主意识就会得到加强，自尊和自信也能得以保持和恢复。要想让女孩自信起来，就要鼓励她们勇敢说出自己的观点，敢于表达。

　　小玲5岁了，上幼儿园大班，眼看就要升小学了。爸爸和妈妈商量着在距离小学较近的地方买套二手房，方便上学。爸爸妈妈忙得不亦乐乎，连续几个周末都在看房子，可是小玲却对新房子没兴趣。

　　小玲是个沉默寡言的女孩，妈妈试探性地问她有什么想法，鼓励她将自己的想法说出来。小玲说："妈妈，我们能先不搬家吗？"妈妈问为什么啊，小玲说："在这边，我有很多伙伴，我们玩得很开心，可是搬家后就不能跟她们玩了，等我上小学了再搬好不好。"妈妈听了女儿的想法后，考虑了一番，最终决定尊重小玲的想法，先不搬家。

女孩虽然年龄小，但也有自己的思想和见解，如果不能很好地表达出来，别人就无法了解她们的想法。同样，如果女孩不将自己内心的想法讲出来，大人也就不能很好地了解女孩的困惑，不能给女孩提供及时的引导和帮助，所以家长一定要鼓励女孩大胆表达自己。

大胆表述自己的看法，是一种自信的表现，更能展现女孩的能力。鼓励女孩主动说出内心的想法，不仅能培养她们的创造性，还可发展女孩独立自主的意识，有益于女孩的健康成长。无论女孩的意见如何稚嫩，父母都应认真倾听，加以鼓励。当然，还可故意提出不同意见与女孩进行讨论。如果女孩反驳父母的意见，父母应予以鼓励；如果她的想法不对，父母可以认真倾听后加以纠正。

鼓励女孩说出心里话，是保证女孩心理健康发展的方法。女孩经常会在妈妈面前闹情绪，其实她们之所以要这样做，就是因为内心情感没有得到合理宣泄。父母要多鼓励女孩说出心里的想法，让她们的情绪得到恰当宣泄，保持心理健康。

女孩的说话能力和水平，是评价女孩知识、修养和能力的重要标尺，家长一定要重视对女孩说话能力的培养，特别是对一些不爱表达的女孩，更要认真给予鼓励和引导。如果女孩性格内向，要尽量让她们多跟外界接触，在和他人接触的过程中，她们的性格会逐渐外向化，继而逐渐养成和人交流沟通的好习惯。

◆学会做个倾听者，给女孩话语权

很多家长都不会跟女儿透露自己的内心世界，只习惯于做道貌岸然的训导者，反过来却要求女孩向自己吐露一切，这种不平等的要求是无法取得好效果的。在和女孩交流的过程中，要想鼓励她们说出心里话，就要以倾听者的身份出现，认真倾听女孩。当女孩在向父母倾诉时，父母要少说话、多倾听。要给女孩说话的机会，让她们尽情说出心中的想法。

小莫是小学三年级的学生，体育课上短跑得了第一。放学回家后，小莫迫不及待地想将这个消息告诉妈妈，可是妈妈正在做饭，没搭理她，小莫很不开心。

吃饭时，小莫心不在焉，妈妈这才意识到自己没有好好听女孩说话，打击了她的积极性。于是，让她将吃饭前的话再对自己说一遍。小莫来了兴致，兴高采烈地对妈妈讲了自己在体育课上的表现。

妈妈仔细听着小莫的描述，还不时地拍一下她的头，说: "你真棒！"

受到了妈妈鼓励的小莫高兴地说: "妈妈，今天体育课我跑了第一，下次数学考试我也要争取得第一！"

小莫平时最怕数学了，妈妈没有想到，自己的倾听对女孩有这么大的鼓励作用，她决定今后都要好好听女儿说话。

亲切、平和、耐心地倾听女孩的谈话，女孩就会带给父母更多的惊喜。家长要做个耐心的倾听者，不要急于对女孩的话下结论、下判断，如此才能听到女孩最纯真、最清澈的心语。

当然，除了倾听和理解，还要用语言对女孩所说、所感的事情做出反应，并不时地总结或重述她讲的关键内容，包括她的感受及导致这种感受出现的原因，然后将你的想法直接告诉她。

放低姿态，耐心地倾听女孩的诉说，会让她体验到父母对她的关爱之情，她们就会更加亲近、尊敬、信任父母，同时也更乐于把自己的想法讲出来。

在倾听女孩说话时，父母还要努力倾听她话语的弦外之音，并适时地提出疑问，提高沟通效果，促进对女孩的了解。

◆引导女孩说出自己的内心需要

生活中我们经常会看到这样的场景：女孩紧抓父母的衣角或躲在父母身后，怯生生地说："我怕""我不敢"。这时，有些父母就会不甚在意地大声斥责女孩说："怕什么，有什么可怕的！胆小鬼！"有些父母则会和颜悦色地去询问女孩害怕、胆小背后的原因。很显然，第二种父母的做法是值得提倡的。要想改变女孩不敢表达的现状，家长一定要及时给以积极的引导，鼓励她们说出内心的需求。

小若是个比较内向胆小的女孩。有一次，爸爸带她到儿童游乐场玩，就要离开时，她紧紧拽住爸爸的衣角说："爸爸，我们再玩一会儿吧。"同时双眼紧盯着赛车场地。空地上，摆放着赛车道，边上坐着很多小孩，在比赛玩赛车。

小若爸爸看出了女儿的心思，却假装不知道，故意说："再玩10分钟，我们就回家。"10分钟很快过去了，小若终于忍不住了，用细如蚊蚋的声音对爸爸说："爸爸，我能……玩……那个吗？"爸爸鼓励她说："玩什么？大声点儿说出来吧，想玩什么就大声说出来！"

"我想玩赛车！"小若终于鼓起了勇气，爸爸点点头。之后，父女俩就到前台租了一辆玩具汽车，小若遥控着自己的小汽车开始跟其他车子厮杀，别提多高兴了。

教育女孩的过程中，一定要给她们灌输这样一种思想：谦让是美德，争取是能力。如此，女孩就不会因太注重关系而失去自我。

在女孩小的时候，就要引导她们说出自己的内心需要。因为一旦女孩心中的渴求长期没有得到满足，通常会选择放弃，而放弃就意味着失去，再遇到类似的事情，她们就会选择默不作声或不再尝试争取。

当然，如果女孩非常胆小，一两句鼓励的话并不能让她变得勇气十足。在女孩的一生中，她会遇到各种各样始料不及的事情，如果事情难以承受，她可能会突然失去勇气和坚强，变得胆小、懦弱，所以父母要把勇敢的种子深深埋进女孩心底。

在女孩的生命中，父母不仅是制造者、保护者，还是女孩胆小时的打气筒，要鼓励女孩勇敢坚强地面对黑暗、面对生活中的困难，而所有这一切都从改变女孩的教育方法开始。

敢于拒绝——要敢于说"不"

孩子会长大，终有一天会走向社会，要在社会群体中生活。虽然在女孩的培养过程中，要让她们懂得与人分享、乐于助人，然而任何事情都要把握好度，轻易承诺了自己无法履行的职责，会给自己带来更大的困扰和沟通上的困难，因此引导女孩学会拒绝别人非常有必要。

小文是个很热心的女孩，乐于助人，别人请她做什么事情，只要她能做，从来都没有推辞过，即使她很忙，也会放下自己手中的事情，帮助或应酬别人。当她正在写作业或看书时，如果有同学让她跟着一起出去打球，小文可能暂时会拒绝，但只要同学再说一次，小文就不好意思拒绝了，就会放下手中的作业，跟别人一起去玩。

小文爸爸认为，女儿在这方面太热心不好，在很多事情上，她应该学会说"不"，应该学会拒绝别人，这也是将来进入社会与人相处必须要掌握的一课；在传统教育滋养下，很多女孩都不喜欢说"不"，不会说"不"，反驳与拒绝远比奉承与迎合困难得多。

于是，爸爸对小文说："你应该学会说'不'，懂得拒绝，不能别人提出任何请求，你都尽量去满足，如果他人提出的要求没有任何意义，你就要学会婉转拒绝；或者同学要求的事情你确实做不到，也要直接拒绝，就比如同学让你一起去打球，而此时你正忙着写作业或正在做比这更重要的事情，就可以直接跟同学说明自己的情况，婉转地拒绝。当你学习时，如果同学让你出去玩，也可以对他说'不'。只要你跟对方说明情况，他也不会硬逼着你去，懂吗？"

小文无奈地跟爸爸说，其实自己也不想这样，但总是不好意思拒绝别人，总是"不"字到了嘴边又咽了下去。当然，有时也是怕得罪同学，怕拒绝别人多了，以后别人就不跟她做朋友了。

听了小文的理由，爸爸接着说："只要你有合理理由，就可以拒绝他人的要求。当然，也要掌握一点技巧，可以婉转一点，太直接了容易伤害感情，婉转一点别人也更容易能理解。"

听了爸爸的话，小文心里的包袱终于放下了，不再像以前那样什么事都答应别人，学会了拒绝，开始学着说"不"。如此，小文节省下很多时间，也没有因为拒绝别人而失去朋友。

每个人都是社会中的一员，都会跟他人打交道，都会遇到他人请求帮忙的情景，家长应该教会女孩怎么应对，正确的做法应该是：能帮就帮，做不到就直接告诉对方"我做不到"。

直接拒绝对方，并不是给对方难堪，而是为对方节省时间和精力，更是对他人的真正负责。自己本来做不到却答应人家，不仅会给对方造成损失，还会影响彼此的关系，所以如果确实无法为他人提供帮助，就要直接将"不"说出来。

拒绝别人时，如果因感到不好意思而不敢据实言明，对方就会搞不清你的意思，继而产生许多不必要的误会，这也容易给自己心理造成压抑，所以一定要让女孩学会拒绝别人。

◆教给女孩委婉拒绝的技巧

不会拒绝别人的人没有自己的主张，很容易被他人左右，甚至会给自己带来危险。任何人都不是万能的，不可能让所有的人满意，总是担心伤害别人，不敢拒绝，只能伤害自己。让女孩在成长的过程中学会拒绝，不仅是自我保护的一种方法，也是一种与人交往的处事技巧。引导女孩学会拒绝、敢于拒绝、善于拒绝，才能让她们活得真实明白，活得开心快乐。

> 小苏的妈妈一直教育小苏要乐于助人，要学会和朋友分享。读小学四年级的小苏总会主动帮助同学，交了不少朋友，每到假日，总会有同学来小苏家找她玩。
>
> 暑假里，小苏的同学小林成了小苏家中的常客，两人经常会一起玩到晚饭时间。按照小苏的暑假安排，早上先读课外书，后做作业，小林来玩时往往正是小苏开始做作业的时间。为了招待朋友，小苏会扔下手中的作业，直到晚饭时小林离去，才急忙做作业。
>
> 妈妈责怪小苏作业完成得潦草，小苏却委屈地说："小林到家里来，我总不能不理他吧，哪有时间做作业？"那副满腹委屈的样子，还颇有些舍己为人的豪情。

不懂得拒绝别人，有时候反而会耽误自己的事情。家长一定要告诉孩子，无原则的慷慨，会给人际交往增添障碍；适当的拒绝，才是最好的交往艺术。

拒绝某些无法接受的要求或者行为时，要掌握一定的方式、方法，不能态度生硬，不能使用尖酸的语言。要告诉女孩：先不要急着拒绝对方，可以采用迂回委婉的方式说明自己的实际情况，如此既不违反自己的主观意愿，还可以给对方一个可以接受的理由。比如，不想把洋娃娃给他人玩，抱着洋娃娃跑的结果只能是两个人都不开心。与其如此，不如让女孩找个理由，或者说"我现在正在玩，等我玩完再借给你"等，让他人心平气和地接受。小孩子的注意力很容易转移，只要这个"岔"打过去，一会儿就会去关注其他事情了。

家长还可利用日常生活中经历的一些事情，根据当时的情境及具体情况，引导女孩学会用正确的方式来婉言拒绝他人的要求。比如，别人向女孩借画笔，如果不愿借，可以让女孩这样说："一会儿上课我还要用呢"，或者"我用完后再借给你吧"。学会以委婉的方式和同学对话，既能巧妙守住自己心爱的东西，又可以避免矛盾冲突的发生，还可以维系孩子之间的友谊。

◆**让女孩坦然接受别人的拒绝**

在孩子小的时候，父母就应该在孩子头脑中强化一个概念：别人的东西不是我的，要是想玩，就要征得别人的同意；如果别人不愿意，不能无理取闹。

在接受他人说"不"时，女孩就会联想到自己有喜欢的玩具，别人想玩也得经过自己的同意。所以即使碰了"钉子"，她们也不会郁郁寡欢。更重要的是，在被拒绝时，女孩还会想到能和其他孩子换着玩，比如用一件毛绒玩具和其他孩子交换玩具玩，这样女孩就能玩到很多自己没有的玩具。尝到了"交换"的甜头，女孩就会领悟到分享的妙处和合作的快乐。

小涵问妈妈："妈妈，我想玩嘟嘟的小汽车，他为啥不给我玩儿呢？"

　　妈妈告诉她："东西是嘟嘟的，他有权决定给你玩儿还是不给你玩儿，如果别人想玩你的朵拉，你愿意给吗？"

　　小涵说："不愿意。"

　　妈妈说："同样的道理，小汽车也是嘟嘟最爱的玩具。"

　　慢慢地小涵知道了，被别人拒绝是很正常的事儿，而自己也要懂得维护自己的权益，懂得拒绝别人。

　　人生路上会遇到各种各样的拒绝：熟人的拒绝，陌生人的拒绝，友情的拒绝，爱情的拒绝。让女孩幼年时体验一下拒绝，绝对不是坏事。引导得当，女孩就能以平常心来看待拒绝了。

　　忍受不了别人拒绝的人，被人拒绝后会产生一种挫败感。人与人相处，感情充满变数，友情和爱情都是如此。遭遇感情打击就想不开而采取极端行为的人，多半缺少坚强的内心和豁达的胸怀，她们无法坦然面对别人的拒绝，容易钻牛角尖，更容易走死胡同。

　　对于年幼的女孩来说，要让她们做到这两点：第一，有勇气拒绝别人；第二，坦然接受别人的拒绝。这两点是非常可贵的心理品质，前者意味着有自己的个性，敢于说"不"，不盲从；后者则是一种坦然、平和的心态，面对拒绝，能坦然接受，不会因为别人的拒绝而嫉恨。

做好准备——提前做好准备

"凡事预则立，不预则废"，无论做什么事情，只要提前有了计划和打算，就更容易取得好的效果，否则就有可能失败。所以，父母应告诉女孩：不管做任何事情，都要准备充分，如此才会更加自信。

毕业于哈佛大学的艾利，深知制订学习计划的重要性，所以在女儿升入小学之后，就将这个好习惯传承到宝贝女儿身上。

每当新学期开始，艾利会这样问女儿："宝贝，这个学期，你是怎么打算的？"

"我的数学成绩还不错，会保持下去，语文差了点，会继续努力。"女儿信心满满地说。

"那你觉得怎样才能提高语文成绩呢？"

"努力学，多花时间。"

"光努力还不够，关键要掌握好的学习方法。"

女儿懵懂地抬起头看着艾利。

"我这里有个小建议，可以供你参考。你记住四字要诀，就是'多读多练'。'多读'就是尽可能多地朗读课文，'多练'

就是多练习写作文，这些方法都有利于语文成绩的提高，你觉得怎么样？"

"是呢，我这次作文才得了 20 分，满分是 30 分呢！"女儿怯怯地说道。

"嗯，那在平时就要多练习，你觉得应该怎样练习呢？"艾利继续问。

"多写作文吧。"

"对，多写作文没错，但光这样还是不够的，写日记会不会更好一点儿呢？"艾利接着说，"把自己每天遭遇的事情写出来，过一段时间再看，就能从中得到很多经验和教训。以后你长大了，看看小时候还因为妈妈没有买的某件玩具而哭鼻子，估计自己都会感到很有趣。"

女儿兴奋地说："哦，我明白了，我要写日记。"

艾利温柔地看着自己的女儿："当然，其他课程也不能放松。你再好好想想，把这学期的学习计划详细地列出来，然后贴在墙上。每天按着这个计划来学习，看下次考试有没有进步，好吗？"

"好的，我亲爱的妈妈。"女儿顽皮地回答。第二天，女儿的书桌前就多了一份学期计划书。

明确了具体的学习任务，就知道了自己在这个学期应该做什么、应该加强哪方面的学习。有了明确的目标，学习也就有了动力。自觉学习的积极性提高了，自然就能慢慢学会合理安排时间，学习效率也会随之提高。

制订学习计划，从某方面来说，就是做好充足的准备。在上学、做事情时，很多女孩总会显得不自信，其实主要原因在于，女孩没有做好充足的准备。只有准备充分，才会有底气，才能在日后的生活、学习中更加自信。

任何事情的完成，都需要经历一个过程，而提前准备就是最应该做的。如同出去旅游一样，只有提前准备好背包、衣服等物品，途中才会减少麻烦。同样，提前做好准备，也有利于后面事情的持续进行。一旦将某件事做好了，女孩也会对自己多一些自信。

◆ **积极预习，也是一种准备**

课前预习对学生来说非常重要，尤其是初中阶段的女孩。升入初中后，多数女孩的学习成绩都没有男孩进步快，而课前预习是帮助她们提高学习效率和学习成绩、稳固知识的最佳办法之一。

　　12岁的小彤上课时从来都不看课本，只是专心听老师讲课，但她每次的考试成绩都比那些认真做课堂笔记的同学要好得多，老师和同学们都感到十分奇怪。

　　一次家长会结束后，老师通过和小彤爸爸的谈话，才发现这其中的秘密。原来，在小彤上小学时，父母就一直对她强调预习的重要性，并指导她正确预习，所以小彤养成了课前预习的好习惯。

　　正是因为每次课前都预习，小彤上课时才不像其他同学那样一边看课本一边听老师讲课，而是抬起头一心一意地听老师讲课；同时，脑海中还会不断浮现出自己已经预习过的内容。如此，一堂课听下来，老师讲解的内容她就基本掌握了。放学回到家再看一下课本，就能完全牢记和掌握一天所学的内容，这也是她学习成绩这么好的主要原因。

预习是一种不错的学习方法，是女孩学会独立学习的关键。在课前做好预习工作，便能学会自己摸索、自己动脑、自己理解，渐渐培养起自我学习的能力，汲取到的知识也不会轻易忘记。

有效的预习不仅能帮助女孩强化学习动机，提高自身学习的积极性，还可以通过初步的探索，搞清楚课本中哪些地方已学懂、哪些地方还不会。听老师讲课时，不懂的地方就会更加用心听；带着问题上课，就会在学习中变被动为主动，极大提高听课效率。

虽然预习对提高学习效率、汲取知识很重要，但父母不应盲目地强制孩子去预习，只有科学、有效的预习方法才能真正对孩子的学习起到重要作用。所以，不仅要让女孩养成预习的好习惯，还要帮助她找到好的预习方法。

◆吃苦，也是一种特殊的提前准备

无论是生活还是学习，孩子在成长的过程中，总会遇到各种各样的问题，如果没有提前做好准备，就会很难适应。对于女孩来说，摆在成长面前的障碍包括各种挫折、困境，其实只要在平时让女孩做好吃苦的准备，让女孩的意志力得到一定的锻炼，她们就能轻松面对。

9岁的小茜是家里的"小公主"，爸爸妈妈一直很娇养她，所以已经上小学3年级的她还不会自己整理书包，每天上下学都要父母去接，自己的衣服、袜子从来没洗过，是个十足养尊处优的女孩。

父母并不认为这样养育女儿有什么错，可是小茜的爷爷觉得他们太溺爱女儿了，再这样下去，小茜就会成为一个什么都不会做、凡事依赖别人的女孩。因此，他决定带小茜回乡下过暑假，并且严禁小茜的爸爸妈妈来看望小茜。虽然不知道父亲为什么这样做，不过小茜的爸爸还是答应了。

一个月后，小茜回到家，原来白皙的脸蛋变得有些黝黑，却显得愈发的健康，而且整个人都有些不一样，懂事了许多。原来，爷爷从在火车站买票那一刻起，就开始锻炼小茜，让她自己去买票。还让小茜给家人做饭、自己打扫卫生、下地干活、去市场上买东西等。经过一个月的训练，小茜渐渐适应了村庄的生活，受挫能力也增强了很多。

只想到怎样保护自己的女儿，是远远不够的，还要教会女儿怎样保护自己，教她经受得住命运的打击，教她不要把奢华和贫困放在眼里……

太过一帆风顺的女孩更需要挫折教育，而那些性格内向而又脆弱的女孩不适宜采用这种方法。为女孩设置障碍要适度，要鼓励与表扬相结合，应根据女孩的实际情况和身体状况为她们设置障碍，该鼓励时鼓励，该批评时批评。对于承受能力稍差的女孩来说，设置障碍最好由小到大、由少增多，切不可一下子摧毁她们的自信心。

第四章

自强：天行健，优秀的女孩必自强不息

明确目标——设立目标，激励自己不断前进

目标，是实现理想的手段。人们每天都会给自己设立目标，比如：阅读一本好书、观看一场电影、给爱人买一份好礼物。设立有意义的、长期的、对世界或其他人有帮助的目标，能促使自己向更好的方向发展。明确了目标，女孩会更合理地安排生活和学习，一步步让自己变得更强。

有个日本妇人，学历很高，在大公司工作过，结婚后她像大多数女性一样在家相夫教子。她的女儿从小就显示出聪慧、情商高的特征，在幼儿园里很受老师和同伴的欢迎。在女儿很小时，妇人就有意识地让女儿尝试各种感兴趣的活动，并且细心地观察做记录。

在这个过程中，妇人发现女儿人际交往能力高、语言表达能力非常强。针对这些情况，在女儿幼儿园期间，妇人就有意识地让她参加演讲比赛、参加各种社交活动、学习外语、培养听故事的兴趣、参与户外旅游等，开拓女儿的眼界和沟通能力。

有一天，女儿突然对妇人说："妈妈，我长大后要成为一名外交家。"妇人好奇地问："你怎么突然想到去做外交家呢？"

女儿认真地说："今天我们老师跟我说，外交家是专门代表国家和其他国家的人去讨论国家之间的事情的人，可以到很多国家旅游，能跟很多优秀的人打交道。我觉得，这就是我想做的工作。"

妇人没有把女儿的想法当成玩笑话，很认真地和女儿研究如何成为一名外交家。妇人发现，在等级森严的社会里，外交家都来自几所著名大学，而这几所大学的生源都来自固定几个地区的高中，而要进入这几所高中，前提是要先进入跟这些高中对应的初中，而她们所在的地区正好不在范围内。

妇人和老公商量之后，做出了选择：为了实现女儿的梦想，全家搬到对应的初中所在的地区。于是，老公在新城市换了一份收入较低的工作，而妇人则放弃了自己熟悉的生活环境和朋友圈子。

女儿顺利地转学当地一家小学，这小学对口的就是那所初中。女儿很争气，最后以优异的成绩考进了大学外交专业。毕业后，更是成功进入外交部，成为一名外交家。

不管是体育明星，还是艺术家，大都是从小开始培养、锻炼的，比如"乒乓大魔王"张怡宁，五岁就到体校学打乒乓球了……要想让女孩走向成功，就要为她们设立目标，并不断激励她们朝着既定的目标努力。

目标是一个人做事的方向，明确了目标，也就有了行事的根据。没有目的地胡乱行事，就会东一榔头西一棒槌，即使付出了很多的时间和精力，也不一定会有好结果。目标太多太分散，同样也不利于事情的解决。因此，要想让女孩激励自己不断前进，就要引导她们为自己设定一个合理的目标。

◆帮女孩树立奋斗的目标

孩子究竟有多少潜力，相信大多数家长不一定都了解；孩子究竟有没有将自己的能力充分发挥出来，家长也很难看出。

家长要在日常生活中为女孩提供尝试机会，鼓励她们为自己设定目标，参考她们的兴趣与能力，设定一个合理可行的目标，然后鼓励女孩朝这个目标努力，争取实现它。

一位妈妈曾跟我讲过自己女儿成长的经历：

> 我女儿的成长道路上最大的挑战不是学习，而是体育达标。女儿小时候长得很瘦弱，个子比同龄的女孩矮，体能较差。小学低年级时问题还不突出，三年级后，要当三好生必须体育达标。当时每个体育项目，女儿都无法轻松应对，我和丈夫就鼓励她、督促她，并带领她坚持训练；每天早上都要下楼练跳绳、跑步、打球，晚上睡前还要练习仰卧起坐、俯卧撑等。
>
> 有时看到女儿练得很苦，浑身疼痛，气喘不匀，我们也会感到心疼，真想降低点要求，但想到国家规定的达标要求，而且孩子是有潜力的，便决定通过艰苦训练，让女儿达到标准。我们支持女儿刻苦训练，并提供必要的帮助。结果，经过刻苦训练，女儿的体育顺利达标，年年被评为三好生。

听完这位母亲的讲述，我被深深地感动。没有目标，就没有奔头。没有人能凭空出人头地，从逻辑上来说，目标是一个人最简单的思维根基，没有目标的人必然如同行尸走肉；反之，如果一个人有了目标，就会往某个方向不断进取、不断突破，从而实现自我价值。所以家长要从小给女孩树立目标，并不断地催促和引导女孩持之以恒，永不言弃。

需要注意的是，每个女孩的情况都不尽相同，给女孩设定的目标要切合实际，不能定得太高，要让女孩"跳一跳，够得着"，定得太高，总也达不到，女孩就会失去信心；对于问题较多的女孩，目标要具体，内容要少一点，不能贪多；女孩每达到一个小目标，要及时肯定，让她们对自己增加一分自信。

◆帮女孩分解目标，让女孩更加努力不懈

很多人可能恐惧 100 公里的长度，可是绝不会害怕一步的距离；可能害怕几百米的高楼大厦，可是并不恐惧一两米的高度。女孩在生活和学习中亦是如此，遇到大困难，女孩可能会向后退缩，如果实现一个大目标对女孩来说太难，不妨试着把大目标分解成若干小目标，教女孩一步一步来。每次完成一小步，都会多带给女孩一些成就感和自信。如此，大目标对女孩来说也就不是无法企及了。

有一次女儿的同学来我家，她告诉我："阿姨，我的梦想是将来当一个科学家。"

看着这个灵活可爱的小女孩，我说："哦，是吗？真棒！"

可是小女孩却咬着嘴唇问："我要怎样才能实现我的梦想呢？"

我将她抱过来说："来，阿姨帮你。"

我们俩聊了很久，在我的指导下，她制订了一个计划：通过几年的努力，考上理想的初中。初一、初二时，把重点放在课本上；同时，大量阅读课外读物，培养其他方面的能力。之后，还制订了一周的时间安排，要求每周都读一些有关生物研究的文章；假期时，必须到博物馆寻找资料。

计划制订完毕，女孩问我："必须制订计划吗？"

"当然，而且还要学会分解目标。"

"什么是分解目标？"

"就是将一个大目标分解成多个小目标，当各个小目标实现

的时候，大目标也就达成了。"

事实证明，聪明的人都懂得如何将朦胧的愿望与疯狂的想象转化为清晰可见的目标。完成了第一个步骤之后，就会感到十分惊讶："哇，原来我的愿望这么多！"之后，就要在这些愿望中做出选择。

有些女孩不会穿衣服，家务也做得一团糟，家长如果总是唠叨或者批评，效果不会很好。其实完全可以这样做：将穿衣服的步骤教给女孩，将做家务分解成不同的步骤，在女孩刚开始尝试时，可以陪伴她们一起做一次。

没有人生来就会做一切，父母对女孩的引导不可或缺。在这个过程中，还可以鼓励女孩发挥自己的积极性、主动性，想出更多灵活的方法，实现那些小步骤和大目标。女孩一旦获得来自父母的支持和有效引导，就会自信满满，创造力也就更容易发挥出来。

乐于拼搏——不要总是待在"安逸区"，鼓励她多拼搏

说到"安逸区"，很容易让人联想到"温水煮青蛙"的实验：沉溺于安逸的环境中，青蛙只能自我毁灭。同理，家长也不能让自己的女儿成为温水中的青蛙。

如今大多数女孩都是独生女，在她们还没有出生时或尚在襁褓中时，父母就为她们安排了良好的生活环境。女孩的成长过程得到了父母的全面保护，她们吃着丰盛的美食、穿着多彩的服装、享受着父母供给自己的一切，似乎不劳动也能过得不错。但家长必须知道的是，孩子年少时的心理品质与精神品质会影响到孩子一生的精神生活，在这个充满竞争的时代，女孩更需要培养向上拼搏精神。只有敢于拼搏，才能有所进步。

小丫是个正在上小学二年级的学生，是名副其实的小公主；再加上长得可爱，人也聪明，所以很受大家的欢迎，父母更以她为傲，常常在朋友面前夸奖小丫聪明伶俐。但一次期中考试，让小丫的生活彻底发生了改变。

自从上小学后，小丫各方面都表现得很优秀，学习成绩更是名列前茅。二年级期中考试时，可能是因为发挥不正常或其他一

些原因，小丫的成绩下降了一大截，数学成绩更是从93分下降到72分。一拿到成绩单，小丫就在教室里大哭了起来。

老师也没有批评她，而是鼓励她以后多多努力。可是，一向受老师表扬和同学羡慕的小丫，觉得很丢人，无论父母怎么好言相劝，她都躲在自己的屋里不愿意上学。后来虽然在家人和老师的鼓励下重新进入了课堂，但小丫却变得不爱说话，笑容也越来越少了。

在成长过程中，女孩会遇到各种各样的烦恼，而小丫只不过是遇到一次成绩下降，就如此软弱，不愿意面对人群，无法坚强地迎难而上，最后只能躲进自己的世界里，变得越来越低沉。这样的孩子，心理素质确实很差。

古人有言："人生不如意事十有八九。"的确，人的一生是不可能顺风顺水的，或多或少都会遇到挫折、困难。旅途茫茫，需要依靠自己去努力拼搏、奋斗、进取和把握。遗憾的是，随着生活水平的提高，一些父母对女孩娇生惯养，百依百顺，为了不让女孩受累受苦，忽视了吃苦精神和坚强意志的培养。结果，这些处在"温室"里的"幼苗"对外界一无所知，不了解人情世故，不懂自主自强，只会大手大脚地花费父母的血汗钱。

不懂自强自主的女孩，一旦脱离了家庭的"温室"，多数都无法经受人生风雨的考验，无法克服前进中的困难与挫折，就更谈不上振兴家业、为国家和为社会做贡献了。对于女孩来说，只有学会坚强，拥有拼搏精神，才能在逆境中高昂头颅，在暴风雨中找准方向；只有坚强的女孩，才能拥有一颗拼搏的心。有了这颗心，女孩就能在痛苦面前保持微笑，在挫折面前挺起腰杆，在困难面前屹立不倒。这颗拼搏的心是父母给予女孩的，也是让女孩的生活更加美好的前提条件。

◆引导女孩勇敢拼搏

在女孩的成长过程中，总会遇到困难和挫折，家长要给她们做出积极的鼓励，引导她们勇敢拼搏。希望女孩拥有拼搏的精神，并愿意不遗余力地锻炼她，本身就是一个培养耐性的过程，只有让女孩坚持下去，才会更加坚强，才会更有成就感。

　　一次，小珍放学回家，满脸沮丧地告诉爸爸："学校里组织1000米长跑测试，我跑到一半坚持不下去，结果成绩不及格。"爸爸知道小珍一向好胜心挺强，不及格对她来说似乎怎么也接受不了。

　　面对女儿泪汪汪的眼睛，爸爸鼓励说："1000米长跑是很累，那你们班多少同学没跑到终点呢？"小珍轻声回答："三个。"

　　爸爸又问："那你愿意成为三个中的一个吗？你想做一个勇敢的人吗？相信自己，拼一拼，一定能行。"爸爸充满鼓励的目光给了小珍燃起战胜自我的勇气。第二天放学回家，小珍就兴奋地告诉爸爸："我终于跑过了1000米，成功了！"

挫折是人生的一部分，是一座培养女孩耐力和韧性的好学校；接受了它，女孩也就获得了成长。弗兰克说："有一种自由是无法剥夺的，那就是我们在任何情况下选择自己人生态度的权力，这种选择决定了我们的人生。"面对眼前的困难，女孩如果充满自信，就会变得更加坚韧，即使遇到大的困难，也能克服。

生活中的挫折，都能成为磨炼女孩毅力和意志的场所。经过逆境的打磨，女孩就会慢慢学会控制自己的情绪，就能坦然面对失败并自然地把挫折看成挑战。所有这些经验，都会对女孩以后的生活带来巨大帮助，还能让她们始终保持积极心态，形成坚持、执着的品性，为人生中的种种困境罩上希望的光环。

如今的女孩大都在万千宠爱中长大，随着社会的进步、经济的发展，生活条件更加优越，生活在蜜罐里的女孩在享受优越生活条件的同时，也会出现任性、脆弱、自我、依赖性强、独立性差等问题。因此，培养女孩的挫折应对能力刻不容缓。

◆ 做女孩拼搏的榜样

莎士比亚曾在《哈姆雷特》中说："女人啊，你的名字叫脆弱。"跟男孩比较起来，因为女性荷尔蒙的原因，女孩通常都会表现出敏感、娇弱、抗挫能力差等个性特征。她们就像一泉清新洁净的池水，清澈见底，没有一丝杂质；流淌起来柔若无骨，却缺乏坚强和韧性，一旦面对困难和挫折，就会表现得特别软弱，甚至不堪一击。作为家长，一定要在生活中培养女孩的拼搏精神。

孩子是父母共同缔造的结晶，其身体里有着父亲和母亲最优秀的基因，从孩子出生的那一刻，父母的言行就成了孩子模仿的对象，所以想要让孩子懂得拼搏、敢于拼搏，就要做一个具有拼搏精神的父母。

10年前，小草爸爸遭遇车祸，到北京就医，不过最后还是没了双腿，小草爸爸出院后并没有回老家，而是在北京安了家。他没有颓废，不能行走了，他便开始学习其他技能，经过两年的努力，小草爸爸终于学会了一项新技能——修理家用电器。

看着年幼的女儿和残废的丈夫，小草妈妈没有安于现状，而是用自己瘦弱的肩膀扛起了这份责任——为客户送液化气钢瓶。

客户的液化气用完了，就打个电话来通知小草妈妈，她赶过去，就会拎起空瓶去灌气。灌满的钢瓶有30多公斤，小草妈妈力气不足，无法将钢瓶扛到肩上，就双手抱起钢瓶，一楼、二楼、五楼、六楼……连续六年，她差不多每天都要送钢瓶，逢年过节时，一天要送一二十趟。

在父母的影响下，小草小小年纪便有顽强的毅力。6岁那年她得了哮喘病，在服药治疗的过程中，肠胃受到刺激，几乎患了所有的肠胃病。最严重的是肠系膜淋巴结肿大，做手术也不会有效果，药也不能多吃。发作时很疼，妈妈抱住她，她都会猛然从妈妈怀里蹿出去躺倒在地上。有时上着课就疼起来了，她就一边用铅笔盒顶住肚子，一边听老师讲课，如果阵痛10来分钟能过去，小草就会在教室里坚持下去……

不拼搏的父母，怎么让女孩努力？想让自己的女孩努力进取，积极向上，自己首先就要做这样的父母。女孩是父母的复印件，原件上灰白一片淡，凭什么要求复印件五颜六色？

一个家庭中，妈妈表现得太过柔弱，很容易让女孩认为女人就是"弱"的代名词，遇到事情，她们就会用撒娇、眼泪来反抗，无法坚强地面对生活中的挫折和困难。

父母是女孩坚强力量的来源，要让女孩自强，就要让她们从模仿父母的坚强开始学起。确定一个明确的、可行的目标。

目标可行，才有利于激发兴趣和自信心，有了目标，女孩才会更加拼搏。

实现目标的过程，善于激励，善于发现取得的成绩，多做出肯定和表扬，强化为成功而努力拼搏的意识。

在前进路上遇到挫折，给以鼓励，克服了困难、取得成功时，跟女孩一起总结克服困难的历程，让她们在品味成功的喜悦时，回味前进路上的艰辛，为爸爸妈妈的拼搏精神感到自豪。

努力营造一种拼搏的家庭氛围，父母一碰到困难就唉声叹气，畏惧退缩，女孩就会觉得困难很可怕，不敢面对，拼搏也就无从谈起。

永不言败——自强者的字典里没有失败，只有暂时不成功

在人生的道路上，许多技艺需要学习，每学习一件技艺，都会获得无穷的收获，而女孩一定要学会的，则是一种精神，是一种永不服输、永不言败的精神。受到一点挫折、创伤，就想放弃，女孩成长也不会健康。要让她们抱着永不服输的心态去面对困难，不到最后一刻绝不能放弃努力。

筱筱的爸爸妈妈以前在北京打工，每年只回来一次，平时她们则通过手机联系。有一年春节，爸爸妈妈回来过春节，路上遇到车祸，妈妈去世，爸爸致残。从此，爸爸回到了老家，一家四口，两个老人，一个孩子，一个残疾，一起生活。

筱筱爸爸虽然残疾了，但手和头脑很灵活，身体恢复之后，便开始在淘宝上销售当地特产。爸爸的行为，让筱筱感受到了希望，她没有沉浸在失去妈妈的痛苦中，而是变得坚强起来。每天除了学习，就跟着爸爸一起卖东西、发货。

由于爸爸腿脚不便，筱筱俨然成了爸爸的好帮手。打电话、核单、叫快递、进货、包装……所有的这一切都有条不紊地进行着。而且筱筱的学习一点都没落下，在班里名列前茅。

只有经历一番风雨，才能见到彩虹。作为父母，要想培养女孩克服困难、应对人生风雨的能力，要让她们经历生活的磨炼，锻造她们的坚韧品格。只有女孩战胜艰难困苦、战胜挫折屈辱，才能培养起坚韧不拔的意志。

女孩一生的道路，会有平坦，也会有险阻；会有鲜花，也会有荆棘……要想让女孩把握自己的命运，就要让她们在磨难中坚强、在挫败后奋起。

培养女孩的独立生存能力，女孩长大后，才能应付人生的风风雨雨，才能见到风雨之后的彩虹；经历了各种挫折，才能足够强壮，才能让女孩有能力应付未来的人生；相反，缺少必要的挫折历练，就无法坚强地面对生活，未来的人生道路也会更艰难。

具备不断进取的意识，也就不用过多的监督和催促了，不要苛刻地对女孩要求这、要求那，应把着力点放在培养女孩的自强精神上，让女孩从内心深处学会不断进取。

◆别把女孩当弱者

曾在网络上读到过这样一篇文章，相信它会对家长们有所启发：

一次，小琳跟着爸爸妈妈到森林中度假。森林里鸟语花香，花红柳绿，一家三口来到长满野草和小花的林中旷地。附近还长着一丛丛野蔷薇，朵朵开放，粉红粉红的，芬芳扑鼻。突然雷声大作，飘下几滴雨点，接着大雨如注。小琳把自己的雨衣给了妈妈，好像她并不怕淋雨似的；而妈妈却又把雨衣给了她，好像她也不怕淋雨。

小琳问道："妈妈，我把自己的雨衣给了你，你又把雨衣给我穿上，干吗这样做？"

"每个人都应该保护更弱小的人。"妈妈回答说。

"那么，我为何保护不了任何人？"小琳问，"就是说，我是最弱小的人？"

"你要是谁也保护不了，就真是最弱小的人！"妈妈笑着回答说。

小琳朝蔷薇丛走去，之后她掀起雨衣的下部，盖在粉红的蔷薇花上。瓢泼大雨已经冲掉了两片蔷薇花瓣，花儿低垂着头，娇嫩纤弱，一点自卫能力都没有。

"现在我不是最弱小的了吧，妈妈？"小琳自豪地说。

"是呀，现在你是强者啦！"妈妈这样回答她。

四五岁的女孩刚刚懂事，非常弱小，但小琳并不愿意认定自己是最弱小的人。这就是女孩自强的表现，不了解女孩这种与生俱来的意识，过分地照顾和溺爱自己的女儿，是对她们自强的一种伤害。

希望女孩成为什么样的人，就要给女孩什么样的思维。一直把女孩当成弱者来照顾，会带来什么样的思维改变？女孩会觉得所有的事情都需要别人来，因为她们不会，因为她们小，因为她们弱。可是，强者是帮助别人的，强者是输出帮助的，弱者才需要接受帮助，虽然这种事情并不绝对，可是大部分时候都是这样。

女孩需要强者的思维，别把女孩变成弱者。要教会女孩学会让座，而不是被让座；要教会女孩帮助别人，而不是仅仅接受帮助；要教会女孩学会体验别人的感受，而不是让别人来容忍自己的任性……这些也许就是女孩成为强者的开始。

◆给女孩设置一些障碍

为了培养女孩永不言败的精神，在平时的学习和生活中，可以有意识地给她们设置一些障碍。永远把女孩置于自己的"羽翼"下，替她们挡住伤害与失败，那她就永远也学不会如何在打击到来时独自承受。家长要稍稍克制一下"想帮女孩一把"的冲动，给她们一个遭遇挫折的机会。

晓彤是个 10 岁女孩，十分讨人喜欢，对人有礼貌，学习成绩优良，美术作品经常获奖，所以晓彤经常受到老师、邻居的夸奖，同学也很羡慕她。可是，晓彤的父母意识到，在这种情境下，女儿容易形成傲慢的心理。为了让女儿健康地成长，父母经常给她设置一些障碍，为她提供受挫的机会。

一天，妈妈特意带晓彤去同事家玩。同事的女儿小新比晓彤更优秀，妈妈希望女儿知道"人外有人"，不要骄傲自满。

两个女孩见面后，玩得十分投缘。但不大一会儿，晓彤就显得有点不高兴了。原来，晓彤和小新玩智力游戏时，总是输。尽管小新十分热情地邀请晓彤再玩，但晓彤却坚决要求妈妈带她回家。

在回家的路上，妈妈对晓彤说："你今天不高兴，是不是因为玩游戏总是输？"

晓彤瞥了妈妈一眼，没有接话。

"你知道吗？小新也十分聪明，她比你小一岁，但已经跳级了，和你读同一个年级。"妈妈说。

晓彤觉得有点好奇："是吗？那她倒真是挺厉害的。"

"是呀，小新学习优秀，但她从来不炫耀，总是很努力。"妈妈微笑着对晓彤说，"你也是个优秀的女孩，不过学无止境，不要骄傲哦！"

晓彤领会了妈妈的意思，点了点头。

为了使女儿能够健康成长，能有良好的个性，晓彤妈妈真可谓是用心良苦。这种巧设障碍的方法对女孩的成长非常有益，更有利于激发出她们永不言败的品格。

　　一味地让她在顺境中生活，等长大后，一旦遭遇挫折，就很难经受住挫折的打击，从而产生令人意想不到的后果。在女孩成长的道路上，一定要给她设置一些她能够独自跨越的障碍。

　　每个人都会遇到困难和挫折，女孩的成长道路也会遭遇苦难和阻碍。平时走惯了平坦的路、听惯了顺耳的话、做惯了顺心的事，一旦遭遇困境，就会不习惯，就会感到束手无策、情绪紧张，就容易失败。所以在女孩平时的学习和生活中，父母要有意识地为她们设置一些障碍。

不畏权威——不盲从权威，勇于接受创新和挑战

对于权威，人们大都会无比崇拜。在写作或表达的时候，很多女孩都会使用一些权威性语言或者结论。可是权威也不代表全部正确，提高辨识率、不盲从，才能实现最终的创新。女孩的成长，同样也是如此。研究发现，喜欢打破规则的女孩往往比听话的女孩长大后会更成功。虽然女孩们在智商、家庭背景和教育机会等方面有着不同，不过最显著的非认知类影响因素还是女孩小时候是否喜欢打破规则、是否喜欢向权威发起挑战。

物理学家郎之万给孩子们提出一个问题："将一定体积的物体放入盛满水的鱼缸，受到排挤，水就会溢出缸外，而放入同等体积的金鱼，水却不会溢出，原因何在？"听到这个有趣的问题，孩子立刻发挥想象力，说出了自己的答案，但都被郎之万否定了。

居里夫人的女儿伊丽娜百思不得其解，便去问妈妈。居里夫人认真想了一会儿，说："既然想不明白，为什么不亲手试一下，看看究竟是怎么回事？"

伊丽娜立刻找来鱼缸，做起实验来。她先把鱼缸注满水，然

后小心翼翼地放入一条金鱼，结果金鱼在水中欢快地游来游去，部分水却溢出缸外，缓缓地沿桌面淌到地上……

伊丽娜单纯幼稚，搞不清楚郎之万伯伯什么要开这样的玩笑。

第二天，伊丽娜看到郎之万，有些不高兴地说："您为什么给我们出错误的题目呢？"

郎之万诙谐地反问道："难道科学家提出的问题就一定是正确的吗？"

郎之万的问题有着深刻的寓意，就是教育孩子们要破除对权威的迷信；居里夫人的引导是用心良苦的，她没有直接解答问题，而是启发、引导女儿亲自动手实验，自己找出答案，目的是告诉女儿应该怎样对待权威。

生活中，我们应当像郎之万和居里夫人那样，引导女孩大胆怀疑成年人包括权威人士的观点，鼓励她们亲自动手实验，并大胆地发表自己的意见。不管她的意见是否正确，都要对她们的勇气予以肯定。

敢于挑战权威，本身就是独立思考和富有创造力的表现，这样的女孩，未来有可能大有作为。

◆**鼓励女孩质疑权威**

思疑是得到新发现的前提，不管最终的结果如何，质疑者都能得到宝贵的经验。哪怕是定论、是权势巨子，同样可以发出质疑。只有在质疑的进程中，女孩才会一步步走向真谛。

有一天，晓彤在家写功课。突然，她拿着练习册跑过来找爸爸，说："爸爸，我发现了一个错字。"

爸爸看看她手中的练习册，心想：不可能吧，正规出版的图书也有毛病？

爸爸接过书问："哪儿错了？"

晓彤说："爸爸，你看这篇文章，讲的是黄河，但黄河是大河，怎么能用单人旁的'他'呢？应当用宝盖头的'它'，是不是？"

爸爸想，如果真是对黄河的介绍，确实不能用"他"，但这是一篇童话故事，书中的黄河已经被拟人化了，用"他"也不算错。

爸爸觉得晓彤很专心，发现了这个细节，便夸奖她："你肯动脑筋，我要表扬你。实际中的大江大河，用宝盖头的'它'来指代，很正确。可是，这篇文章是一篇童话，黄河一路向前，跟周围的一草一木说了很多话，和人一样，不是实际中的黄河，因此可以用'他'。"

晓彤说："对，真正的黄河是不会去跟白杨聊天的！"

爸爸说："黄河是童话中的一个小顽童，童话经常会借用自然景物的角色来讲述一些故事，很多主人公都是用单人旁的'他'或女字旁的'她'来代称。认真查看，就能发现。"

晓彤说："我弄清楚了。语文老师给我们讲过，我倒忘了。"

爸爸说："没事啊，发现了这个问题，说明你很专心呀。"

晓彤点点头，表示同意。

"他""它"的用法，具体的使用情景是不同的，案例中晓彤对这类同音字发出疑问的时候，向爸爸提出了质疑。通过分析，晓彤知道了这几个词的运用语境，她这种敢于质疑书本权威的态度值得任何一个女孩学习。

质疑权威的过程，也是一个不断思考的过程。一旦对某方面提出疑问，女孩就会进行多方思考，以此来验证自己的想法是正确的还是错误的。而这个思考的过程，就是一个向权威发起挑战的过程。

任何权威都是在对过去的思想和理念产生怀疑继而不断思考的结果，

敢于向权威发起挑战，也就多了创新的可能。在女孩成长的过程中，父母要鼓励她们不畏权威，不要屈从于权威。

◆激发女孩的想象力

有了想象力，才会有创造力。"发明大王"爱迪生曾说过："想象力永远比知识要重要，因为知识是有限的，而想象力概括着世界上的一切并推动着人类的进步，想象才是知识进化的源泉。"想象力对思维开发及创造力培养的重要性由此可见一斑。想象力是创造能力的翅膀，只有在想象中，才能具有质疑精神。家长要想引导孩子敢于质疑，就要激发她们的想象力。

　　甜甜很小时，妈妈就重视激发她的想象力，现在不管遇到什么稀奇古怪的事情，她都会想象一番，有时给出的答案还会让大人感到惊奇，甚至一时搞不清楚答案的寓意。

　　一次，甜甜到邻居田阿婆家玩。阿婆家有个大鱼缸，养着一些鱼。阿婆问她："甜甜你这么喜欢小鱼，现在阿婆给你提个关于小鱼的问题，看你能不能回答出来。"甜甜点头同意。

　　阿婆接着说："如果现在鱼缸里有三条小鱼，死了两条，还有几条？"甜甜眼珠一转，答案脱口而出："一条都没有了。"阿婆感觉很诧异，原以为甜甜会回答三条或一条，没想到却给出了这样的答案，不禁惊奇地问："说说看，为什么一条都没有了呢？"

　　甜甜张开小嘴，说："鱼缸里本来有三条鱼，死了两条，主人会把死去的两条捞出来扔掉。这时，主人会觉得鱼缸里的环境不适合小鱼生长，就会换其他鱼缸。因此，鱼缸里就没有鱼了。"

　　看到甜甜思维如此活跃，阿婆不禁一怔，说道："你的想象力可真丰富！"

　　妈妈来找甜甜的时候，阿婆将事情告诉了她。甜甜妈妈不以为意，似乎已经习惯了，她知道自己的女儿就是这样，更知道女儿的思维之所以这样跳脱，完全跟自己平时的教育有关。

　　为了激发甜甜的想象力，她们母女经常玩各种小游戏。包饺子时，甜甜会伸着小手，一边包，一边说："妈妈，这个饺子好看。""你说，这个饺子像什么？""元宝。"晚上，甜甜坐在沙发上吃苹果，妈妈会问："这个苹果，又大又圆，像什么？"甜甜会接着说："像圆圆的月亮。"然后，咔嚓咬掉一口，笑着说："这是一个不太圆了的月亮。"有时候，甜甜在纸上乱涂乱画，妈妈实在看不出个所以然，就问："画的是什么？"甜甜则会有模有样地指着图画告诉她："这是房子、这是兔妈妈、这是小花，这是草……"

甜甜之所以能够有极强的想象力，跟妈妈的教育分不开。激发女孩的想象力，确实需要从小事做起，给女孩创造更多的空间，让女孩进行想象。

　　在每个女孩的头脑中，都有一个丰富的世界，经常问她们某件东西像什么，也是调动她们脑部资源的过程，可以引导她们把眼前的东西与头脑中的某个形象联系起来，开发她们的想象力。

第五章

独立：独立行走会让女孩走得更坦然

独立生活——鼓励女孩自己的事情自己做

我国著名教育学家陈鹤琴先生曾说过："只要是孩子自己能做到的，就要让他自己做；只要是他们自己能够想的，就要让他自己去想。"这是一条符合教育规律的至理名言。放手让女孩自己去做，她们就能得到更多的锻炼机会，女孩的潜能也会被充分挖掘出来；依赖于"大手帮小手"，女孩的独立性就会受到抑制。

孩子总有一天要长大，要离开父母的怀抱，要独自面对外面的风雨，独自经历挫折失败。不能照顾自己的女孩，就像是温室里的花朵，柔柔弱弱，根本无法经受大自然的雕琢。家长对女孩真正的爱莫过于放开双手，让她们自己去面对一切，鼓励她们自己的事情自己做。

一位美国学者正在家中读报纸，突然听到有人敲门。他打开门一看，门外站着两个女孩，一个约八九岁，一个约五六岁。看到有人出来，大点的女孩问："请问，你们家需要保姆吗？我是来求职的。"

学者好奇地问："你这么小，会做什么？"

女孩将自己的小身板挺直，解释说："我今年九岁，已经有了 14 个月的工作经历。"她拿出一份打印纸，说："看，这是我的工作记录单。我可以帮助你照看家里的小孩，帮他辅导功课，陪他一起玩游戏。"

女孩一边说，一边观察着学者，看到学者没有聘用她的意思，又说："你可以免费试用一个月，只要你在我的工作记录单上签个字就行，它有助于我将来找工作。"

学者翻看了一下这张打印纸，指着小一点的女孩问："她是谁？你要照顾她吗？"

女孩回答说："她是我妹妹，也是来找工作的，她可以用小推车推你的宝宝去散步，她的工作是免费的。"

当我读到这个故事的时候，为这两个独立的女孩点了大大的"赞"！两个不满十岁的孩子居然会利用空余时间找工作？我们不得不肯定的是，这两个女孩的勇气和她们的自我独立——不依赖父母、自己挣钱、自己提高工作技能、自己增加工作阅历。

如今很多父母在"富养女"概念上走进了一种误区，认为富养女孩就是单纯地给女孩更多的关爱、保护和金钱，这是非常错误的。真正富有的女孩，首先就应该是独立自主的。

独立自主是健康人格的重要表现之一，自己的事情自己做，从小掌握独立生存的技能，对今后的生活、学习、事业、家庭等都会产生重要影响。家长应该尽早入手，培养女孩独立生存的能力，不能只关注她们的身体健康和学习成绩，更应该关注她们的精神是否独立、人格是否成熟。

有些家长一厢情愿地认为女孩只要学习好就可以了，至于生活技能，有没有都无所谓。坚持这种错误的认识，只会培养出高分低能的女孩，长大之后根本无法立足于社会。

◆增加女孩独立做事的兴趣

独立做事的过程，就是培养女孩独立精神和正确劳动的过程，同时也是女孩学习知识、认识社会的途径。不懂独立做事，女孩长大后，很容易出现性格上的缺陷，因此父母要鼓励女孩独立做事。为了做到这一点，首先就要提高她们对某件事的兴趣，因为兴趣是最好的老师。

晓娟12岁了，已经开始重视个人漂亮与否了，换衣服的频率也明显增加，因此也增加了妈妈洗衣服的负担。妈妈不胜烦忧，只能对她说："晓娟，妈妈工作很忙，你已经12岁了，应该可以帮妈妈分担一些家务了，妈妈在你这个年龄的时候已经会做饭了。以后你的衣服就自己洗吧，不洗就只能穿脏的。"

可是一个星期过去后，妈妈发现洗衣机里全是晓娟的衣服，于是把晓娟叫了过来，明确地跟晓娟说如果再不洗衣服下星期可就没有干净衣服穿了。一想到自己下星期没有干净衣服穿，晓娟只好自己去洗。之前她只洗过自己的手绢和袜子，如今真正开始洗衣服，才发现这件事并不是想象中的那么难。

渐渐地，晓娟喜欢把衣服洗得干干净净，还从自己洗干净的衣服中感受到了一种成就感。慢慢地，晓娟不仅学会了洗衣服，还学会了更多的家务活。

通常女孩在做事的时候都会受到兴趣的驱使，遇到自己感兴趣的，就主动去做；不感兴趣的，连看都不想看一眼，所以为了培养女孩的独立性，完全可以从兴趣的角度出发。在家里，要让女孩独立完成自己的生活起居，独立打扫自己的房间，独立清理自己的物品等；学习上，要让她们自己独立思考、独立完成；同时，更要保持心理上的独立。

需要特别注意：女孩年龄小，做事情的目的性不强，父母可以通过游戏来提高她们对独立做事情的兴趣。此外，所做的事情要符合女孩的年龄特点，不能太复杂，时间也不能太长，否则会影响做事效果，还会让女孩厌恶劳动。同样，家长也不能代替女孩去考虑问题，要引导她们自己去思考，尊重她们的意见，为女孩以后的成功打下基础。

◆**重在培养女孩独立的人格**

德国著名的教育家乌申斯基说过："人的性格大都是在人生的最初几年形成的，在这几年中形成的东西是很牢固的，将成为人的第二天性。"人格这种非智力因素对女孩一生的影响是非常深刻的。女孩的人格是否健全，主要标志就是是否诚实、公正、坚毅、宽容。家长想要培养女孩独立的人格，就要给她打造一个强大的精神世界。

小芸出生在富裕之家，家里生活条件不错，是家里的独生女。但这样的家庭条件并没有让她养成挥霍的坏习惯，更不像其他富家子女那样刁蛮任性。她知书达理、性格温和、独立自主、学识渊博，人缘也非常好。成年后的小芸，无论是在事业上，还是在家庭方面，都表现得非常出色。小芸觉得，自己之所以能够取得这样的成绩，都要归功于小时候父母的培养。

小芸父母都是知识分子，在她没出生时，他们就查阅了很多育儿书籍，学习到很多育儿经验，其中最重要的一条是：不要重视物质，要重视精神。在小芸两岁时，爸爸就开始引导她认字、写字；小芸稍大一些后，爸爸周末会带她去图书馆、展览馆，开阔眼界。小芸特别喜欢画画，爸爸就专门在这方面培养她，平时只要有画展，都会带着她一起去。

正是在爸爸的支持下，小芸对新鲜事物一直保持着强烈的好奇心和探索欲。少年时代的艺术熏陶，让小芸的精神世界愈加的丰富、充实。

女孩都有自己的独立人格，无论出于何种教育目的，都不应该抹杀她们的独立性；相反，应该尊重和培养她们人格的独立性，鼓励她们独立思考、独立做事，如此遇到人生难题时，她们才能凭借自己的能力和判断去解决问题。

青少年时期是人格形成的重要时期，在这个阶段如果父母没有帮助女孩打好基础，就容易出现任性、霸道、自私、说谎、冷漠和懒散等问题。要想让女孩独立起来，就要重视独立人格的培养，精神富足、人格独立的女孩更容易获得幸福的青睐。

独立思考——引导女孩发散思维、独立思考

对于女孩来说，学会独立思考和独立判断比获得知识更重要。不养成良好的思考习惯，会让孩子失去很多乐趣。家长在培养女孩独立性的过程中，要注重独立思考和独立判断能力的培养。

曾经看到过这样一个笑话：

在一所国际学校，老师给来自世界各国的学生出了一道题："有谁思考过世界上其他国家的粮食紧缺问题吗？"很快，学生就给出了答案。非洲学生问："什么叫粮食？"欧洲学生问："什么叫紧缺？"美国学生问："什么叫其他国家？"中国学生问："什么叫思考？"……一个问题居然带出这么多"不知道"。

很多父母都将跟孩子有关的事物安排得十分妥当，从来就没有想过让孩子去考虑、去想办法、去解决、去处理。当孩子遇上困难时，他们会毫不犹豫地替孩子把困难解决掉。这样的事情多了，当孩子再遇上困难时，自己也就懒于思考。长期寄希望于父母的帮助，必然会扼杀孩子的思考力，更无法提高个人的问题解决能力。

现代社会信息高速发展、知识爆炸，对个人的思考能力提出了挑战。思考力越强的女孩，求知欲望也就越强，终身学习的能力才会越强，创造力才能越强。如此才能与时俱进，才会受到社会的欢迎。

比尔是美国电视台的著名主持人，一次她问一个七八岁的女孩："长大以后，你想做什么？"

女孩自信地回答："总统。"听了女孩的回答，全场观众哗然。

比尔做了一个滑稽的吃惊表情，然后问："你知道为什么美国至今没有女总统吗？"

女孩想都没想，回答说："因为男人不投她的票。"全场顿时笑声一片。

比尔的嘴角弯了弯，接着问女孩："你肯定是因为男人不投她的票吗？"

女孩看了比尔一眼，不屑地说："当然肯定。"

比尔不再看女孩，而是面向全场观众，说："请愿意为她投票的男人举手。"伴随着笑声，不少男人举起了手。

看到台下的场景，比尔得意地说："你看，给你投票的男人不少。"

女孩目睹着台下的一切，不为所动，淡淡地说："还不到三分之一。"

比尔瞪大了眼睛，露出不敢置信的样子，对观众说："请在场的所有男人都把手举起来。"言外之意，不举手的就不是男人，哪个男人敢不举手？

在哄堂大笑中，男人们都无一例外地举起了自己的手。可是，女孩并没有感到惊讶，而是撇撇嘴，露出一丝轻蔑的笑意："他们都撒谎，他们并不是真心的。"人们目瞪口呆，片刻之后，场中响起了热烈的掌声和惊呼声。

这是一个典型的独立思考的案例，在没有任何人提示或帮助的情况下，女孩凭借自己的判断和思考，对主持人的提问做出了从容回答，这种独立思考的能力正是许多女孩所欠缺的。

思考能力是孩子能完全控制的东西，不善于思考，也就不善于行动，成大事者一般都勤于思考，善于发现问题、解决问题。纵观世界上那些有杰出贡献的人，都有一个共同点，那就是善于思考。女孩能否成才，关键在于从小能否进行有效的思考能力锻炼。

思考可以支撑起人生，任何有意义的构想和计划都来自思考，可是，敏锐的思维并不会无缘无故地产生，需要经过严格的训练和培养。所以，培养女孩的独立思考能力是每一位父母必须牢牢把握的家教关键，是诸多教育课题中的重要课题。

◆遇到问题和女孩一起讨论

女孩年龄小，遇到疑难问题时，总会向父母寻求帮助，想直接得到答案。这时，家长一定不要助长她们的这种习惯，不要直接给她们答案；否则时间长了，女孩就会对父母产生依赖心，不会自己动脑思考，无法养成独立思考的习惯，这对提高女孩的智力水平和思考能力没有任何好处。

小玲是一名高中生，是学校有名的才女。她之所以能取得好成绩，跟妈妈从小对她的教育分不开。

为了引导小玲思考，妈妈会扮演成外星人，问小玲很多关于地球的问题，"为什么有白天和黑夜的区别啊？""为什么会有气候和天气的变化啊？"通过这样的提问情境，小玲能学到很多知识，也学会了自己思考问题。

周末时，妈妈会带着小玲去博物馆。为了引导女儿对博物馆产生兴趣，妈妈还是通过提问的方式，让她思考问题；她会让女儿阅读相关书籍，然后再向她提问，对于女儿没有理解的问题，会用简单易懂的话答疑解惑。

对于妈妈的教育方式，小玲非但没有感到厌烦，反而激发了她的学习热情，让她对百科全书上的科学和数学产生了极大的兴趣。15 岁时，小玲参加全国物理大赛，获得了冠军。

聪明的父母面对女孩的问题时，不会告诉女孩答案，而会教给女孩解决问题的方法，让女孩从中学会独立思考。比如，家里的电视突然没有影像和声音时，可以让女孩自己去发现问题，是没插电源，还是电视机自身的问题。在寻找答案的过程中，女孩的思考能力就能得到提升，还能积累经验；一旦找到解决问题的答案时，她们就会感受到一种满满的成就感，思维能力也能得到提高。

问题是思考的起点。女孩小时候脑子里会出现很多问题，当女孩向父母提出问题时，父母要和她们一起讨论，耐心地向她们解释；同时，为了激励她们提出更多的问题，还要积极地帮她们解决问题。此外，还可以给女孩提一些问题，让女孩的大脑经常处于活跃状态，锻炼女孩的思维能力。

要想让女孩学会主动思考，家长要从提问入手，激发起女孩的兴趣，鼓励她们不断思考。在女孩思考问题的过程中，家长要多提一些开放性题目，还可以用如何解决突发事件等问题来引导女孩思考。利用这种方法，女孩能从新颖的角度思考，突破常规，提出自己的独到见解。

◆鼓励女孩发表自己的意见

家长一般都希望孩子能听从教导和吩咐，当孩子出现不同意见或不遵从意见时，总会否定孩子。其实，聪明的孩子不一定听话，听话的孩子不一定聪明。孩子之所以会提出自己的不同意见，正是因为有自己的想法，这是孩子独立思考的结果。

女孩提出不同意见时，如果父母没有鼓励或表扬，只是责备，女孩的独立思考能力就会渐渐消失。这对女孩的成长非常不利，要培养女孩独立思考的能力，要从鼓励她们发表自己的意见开始。

小琴爸爸是个很民主的人，在家里他允许小琴大胆说出自己的想法，即使小琴说得没有道理，爸爸也不会批评她。

周末，爸爸带小琴去参观书画展，不过并没有提前告诉小琴书画展里面的画全是一个人的作品。小琴仔细看完后，说："爸爸，这个画家的画真好。"

爸爸觉得很纳闷，女儿怎么会知道这都是一个人的作品？就问："是吗？你觉得好在哪里？"

小琴回答道："这些画的颜色搭配很好看，笔法也很大胆。"

爸爸听了小琴的话，满意地笑了。

小琴敢于说出自己的想法，这和小琴爸爸平时鼓励她勇于发表意见是分不开的。生活中，很多女孩不敢大胆说出自己的想法，怕说得不恰当，会受到父母的责备。父母应鼓励女孩有自己的见解，在她们发表意见时，即使是错误的，也要让她们说完，然后再给予适当的指导。对于女孩的正确意见，应该积极肯定和表扬，增加女孩主动表达的自信心。

敢于发表自己的意见，调动自己的思维能力，用合适的方法将自己的想法告诉他人，是女孩独立思考能力的重要体现。为了活跃女孩的思维，鼓励她们发表意见，就要给她们创设民主和谐的家庭氛围。在压抑的环境中成长起来的女孩，思想容易受到父母的影响，只会盲从附和父母。

独自解答——同学之间的问题，鼓励女孩自己解决

很多女孩跟他人之间产生矛盾时，在本能的驱使下，会向父母或老师寻求帮助，在日常生活中教女孩自己处理这些矛盾比直接介入对女孩的成长更有益处。陈鹤琴先生曾说："吵吵闹闹是上帝赐予孩子的礼物，孩子们在吵闹中长身体、长智力。"应对冲突的过程也是学习的过程，有利于女孩融入社会生活。女孩独自解决问题后的成功感是言语教育和行为指导无法取代的，即使女孩没有很好地解决冲突，多亲身经历这类事情，也是一种不错的积累。

放学回家后，妈妈发现女儿不太高兴，就问："怎么了，遇到什么不开心的事情了？"

女儿回答说："没什么。"

妈妈接着问："我怎么觉得你不开心？跟同学闹矛盾了？"

"我说过没什么了，你就别管了。"女儿一边说，一边朝妈妈挥了挥手。

妈妈发现女儿的胳膊上有道伤痕，心里一惊，急忙抓住她的胳膊，问："到底是怎么回事，快说！"

女儿一看瞒不过妈妈，就一五一十地说了。原来班上有个男同学特别霸道，总是欺负同学，今天动手打了她。

听到这种情况，妈妈有些生气，对女儿说："别人欺负你，你怎么不还手？"

听了妈妈的话，女儿不解地问："还手干什么，打架吗？哪有你这样教育孩子的？打架根本解决不了问题。"

妈妈说："那你说怎么办？难道就这么让人欺负？"

女儿说："我也不知道怎么办，我又打不过他。"

打架、吵架是孩子们交往中不可避免的问题，家长不能以自身的好恶、道德观来判断她们间的是非、对错，更不能用"不吃亏"来教育女孩，更不能鼓励她们用武力解决问题。

人际交往中，矛盾是不可避免的，而善于解决矛盾，是高水平的合作与交往能力的标志。所以，当女孩遇到交往矛盾与问题时，应该让她们迎着问题，自己去主动交涉。看到孩子之间产生了矛盾，便立即介入去平息风波，替她们处理矛盾，女孩的交际能力就无法得到提高。

社交能力是人类生存的重要能力，不仅能给人带来快乐，还有助于一个人走向成功。心理学家莱金·菲利普斯说："许多人不能与他人正常交往、和谐相处的原因，是因为她们在儿童时期没有学会基本的社会交往技能。"家长应教会女孩如何与他人交往，尤其要让她们学会解决与他人的矛盾。

◆引导女孩独立解决人际问题

不少家长认为，女孩年龄小，不具备解决问题的能力。其实，即使是很小的女孩，也会运用一些策略和办法来解决问题。在女孩不需要时，不要擅自帮助她们做决定，一旦失去锻炼机会，女孩独立解决问题的能力就会退化，遇到问题就会束手无策；要给女孩足够的机会、适当的鼓励和具体的指导，提高她们解决问题的能力，上好成长过程中这不可或缺的一课。

　　小希 10 岁，热情开朗、乐于助人、自理能力很强，是夏令营辅导员的好帮手。

　　暑假，小夏又去参加夏令营。仅过了两天，妈妈就接到了小希从夏令营打来的电话。她听出女儿情绪很低落，就问："怎么了？你好像不太开心？"

　　小希告诉妈妈："新来的辅导员脾气不好，对我们这些工作人员很严厉。今天早上我把学生集合到餐厅，比规定时间晚了 5 分钟，她就当众训斥我，我觉得很丢脸，以后还怎么跟她合作？"

　　"亲爱的，我可以理解，你一定为辅导员的不公平做法感到很委屈。"妈妈一边安慰女儿，一边为女儿难过，甚至想立刻给营长打电话，告诉他那位辅导员实在不近人情。但她很快冷静下来，认为女儿所说的只是事情的一方面，需要进一步了解事情的全过程。于是，她对女儿说："但愿你跟妈妈聊完之后能够好受些，你能告诉我你今天早上为什么晚了吗？"

　　之后，妈妈帮小希分析了事情的始末，让她检查一下自己可能出现的问题，并提醒小希设想一下辅导员做出如此举动的原因。最后还告诉小希："新辅导员可能是粗鲁主观一些，但学会与各种各样的人打交道是一种本领，也是参加夏令营工作的目的之一。如果你能够想出办法与她相处融洽，对今后的工作会有好处，你觉得呢？"

小希妈妈既给了女儿切实的指导和帮助，又没有直接代替女儿处理问题，给小希留下了独立思考和发挥才能的空间，确实明智！

事实证明，将具体的方法告诉女孩比直接帮她们解决问题更有意义，让女孩掌握解决问题的思想方法和态度，比给她提供一千条建议更有价值。孩子终究要独立生活，越早锻炼独立思考、独立生存、独立解决问题的能力，她就越能适应自然与社会的各种环境。

◆**提升女孩解决问题的能力**

解决问题的能力是一种综合能力，在日常生活中处处需要这种能力。美国心理学家的研究成果表明，女孩能否成功解决问题，更多地取决于她的经历而非智慧。一位妈妈在谈到引导女儿独立解决和同学之间的矛盾时，说道：

> 女孩长大的过程中，免不了会遇到各种问题，我女儿在成长中也不例外。每当此时，我一般是不着急插手，而是先问她几个问题，听听她有什么想法。我总结了一下，一般我都会问女儿这几个问题：
>
> 第一个问题是："事情的经过是怎样的？"这个问题看起来很简单，但非常重要。
>
> 第二个问题是："你现在的感受如何？"很多时候，孩子们也只是想将自己的感受说出来而已。一旦说出来，心情就会好很多。
>
> 待女儿冷静之后，问第三个问题："你想怎样处理这件事？"这时不管女儿说出什么惊人之语，我都不会急着教训她，而是冷静地继续问她第四个问题："那你觉得可以使用什么办法解决？"在这个阶段，我会跟女儿一起想各种方法，合理的、不合理的、荒唐的、可笑的……
>
> 待女儿想不出其他点子后，我会问第五个问题："你觉得这

些方法的后果会怎样？"让女孩自己一一检视，每个方法的后果会是什么？你可能会惊讶地发现，大部分女孩都明白事情的后果。

第六个问题："你决定怎么做？"这时候女儿就知道怎么做对自己比较好，即使她的选择不是我们期望的，也要尊重她的决定。

第七个问题："你希望我做什么？"并且表示支持。

事情过去后，问她最后一个问题："结果怎样？有没有如你所料？"或"下次碰见相似的情形，你会怎么选择？"让女儿有机会检视自己的判断。

这种方法多练习几次，女孩就会具备解决问题的能力，不需要家长操太多心了。

女孩独立解决问题的能力，也不是天生具备的，需要经过多次的练习和实践。家长要给她们创造这样的机会，提高她们的问题解决能力。如果女孩不会，父母就要一点点引导她们，让她们做出正确的决策。

自我决策——女孩的事情鼓励她自己做决定

意大利儿童心理学家、教育家蒙台梭利十分重视女孩独立性的培养，她说："教育者先要引导女孩沿着独立的道路前进。"她认为，儿童有着巨大的发展潜力，应尊重她们的自主性、独立性，放手让她们在活动中发展自己。因此，父母要给予女孩独立思考、自主决策的机会，鼓励她们自己做决定。

小安已经上初中了，却非常没主见，不论遇到什么问题，都要妈妈帮她拿主意。不过这也难怪，小安从小到大，什么事都是妈妈给安排，什么决定都由妈妈帮她拿，就连吃什么饭、穿什么衣服，妈妈都帮她打理好了。按照妈妈的说法是：小安什么心都不要操，只要把全部心思放在学习上就行。妈妈的包办使小安失去了自我决策的机会，小安也成了一个没有主见的女孩。

这天晚上，小安放学回到家又让妈妈替她拿主意。由于成绩比较好，很多同学支持她竞选班长，小安拿不定主意不知道该不该参加竞选。

妈妈问她："你是怎么想的？"

　　小安说："我想参加，锻炼一下自己的能力，也能为班级做点贡献。可是，也怕竞选不上没有面子，又怕影响学习。当然，也有其他一些因素要考虑，妈妈你说怎么办，我听你的。"

　　妈妈说："这样，咱们拿一张纸，全面考虑一下。纸的一边列上参加竞选的好处，一边列上坏处，然后看看哪边占的分量大，你就按哪边的做！"

　　妈妈和小安忙乎了一阵子，得出了结论，还是参加竞选比较好。于是，小安决定去参加竞选。

　　后来，小安遇到类似的问题还是让妈妈先给拿主意，妈妈也有点着急。小安信任妈妈，愿意和妈妈多交流、多沟通当然是好事，可是小安妈妈也担心，总不能事事都帮她拿主意。

　　独立决策是一个人健康人格的重要构成，女孩的自主性在她的自主决策中表现得最为明显。但不少父母怕女孩选择错误，从来不给女孩决策的权利。不让女孩去做决策，总是忍不住要替女孩做决策，女孩就会失去锻炼的机会，遇到要决策的问题，就拿不定主意，只能听从父母的决定。

　　有些父母在处理女孩的事情时，认为"孩子小，什么也不懂，还是我决定吧"。父母没有意识到的是，女孩也有自己的想法，如果个人想法得不到父母的关注，且父母长期过度包办，她们的自主意识就会被抑制，自信心就会受打击，可能会对自己产生消极评价，长大以后，可能会缺乏判断和决策的能力，缺乏主见。到那时，即使父母想训练让她自己做主，决策意识和能力恐怕也难以培养起来。

　　有些女孩小时候可能会不听话，其实这也是一个要求独立决策的表现。女孩不会一直生活在父母的庇护里，父母要试着放开手，让女孩自己走，锻炼她们的心智和能力，让她们成为可以独当一面的人。

◆放开双手，将决定权还给女孩

女孩虽然小，也有做决定的权利，要鼓励她们自己做决定，对自己所做的决定负责。一个能对自己负责的女孩，即使走出校门，走出家门，也能够独当一面，争取自己的权利。家长不妨尝试着做一个不替女孩做决定的"懒"家长。

马晓是个乖巧的小女孩，爸爸妈妈平时工作忙，她的生活起居基本上都由爷爷奶奶照顾。

奶奶每天接送马晓时，都会提前把她的吃穿安排好，就连喝牛奶插吸管这样的事，也不让她做。受此影响，每天早晨马晓来幼儿园后，从来都不会主动去玩玩具或进行户外活动，而是四处游荡，非要等老师指定她去玩什么，她才去；老师让她选择玩具时，她就会犹豫不决，之后让老师帮她做决定。

妈妈发现这个问题后，就将马晓接了回来。她既没有过多地干涉女儿做什么，也不催促她做什么，如果马晓想自己脱衣服或穿衣服，就放手让她自己去穿；洗澡时，妈妈尽量让马晓有充足的时间在澡盆里玩耍；吃饭时，让马晓自己吃，不催促她。

妈妈的目的既不是把马晓娇惯成说一不二的小公主，也不是让她成为不懂自己做决定的小木偶。现在，马晓有自己的眼光、自己的思维、自己的感受、自己的判断，已经不是"小木偶"了。

马晓奶奶是个十分细心的人，在马晓成长过程中，事无巨细地替她考虑得十分周到，孙女不管干什么，她都事先考虑到，替她做好，从不让她自己做，更别说让她自己做决定了。这种做法，让马晓失去了做事、思考、说话的机会。

这也不准，那也不准，对女孩横加干涉，按大人的意志去左右她，只能捆住她们的手脚，束缚住她们的思想。这样女孩，多数都会没主见、胆怯怕事和依赖性很强，即使是萌发出来的自信心和独立性，也会被摧残。马晓妈妈的做法更有利于孩子成长，是教育孩子应推崇的方法。

◆让女孩在限定范围内选择

培养女孩独立自主，让女孩具备自主选择的权力，有助于女孩日后的成长、生活、工作等。如果想让女孩快速学会自己选择，最好为女孩提供限定的范围，让她在限定的范围内选择答案。比如，早上女孩穿衣服时，不要打开衣柜门让她看着所有的衣服进行选择，可以将准备好的两套衣服放在她面前，问她要穿哪一套，帮助她快速下决定。

有位美国家长，带着2岁多的女儿去吃饭。饭桌上，女孩不肯喝果汁，嚷着要跟大人一样喝可乐。

2岁的女孩有这样的行为是正常的，可是在很多家长看来，这个女孩有点不乖，不过这位家长却没有强求女孩喝果汁或可乐。他当着客人的面对女儿说："喝完你杯子里的果汁，可以喝一口我杯里的可乐。"这其中隐含的选择是：不喝果汁，就不能喝可乐。

这位家长具体地给了女儿选择的机会，还让她知道了每种选择行为的结果。在整个过程中，这位家长对女儿都没提什么要求，只是让女儿自己选择做决定。后来，女儿想了想，还是喝完了自己杯子里的果汁。这位家长说话算数，当场兑现，笑眯眯地允许女儿喝了一口自己杯子里的可乐。

敢于为自己的人生做决策的女孩，生命力是澎湃的。尽管因为年轻，会遇到一些挫折，但那些挫折最终和成就一起，会让她感觉到生命的丰富多彩。研究表明，总是由父母做决定的女孩，长大后常常缺乏判断力和选择力，缺乏责任感，甚至不知道如何对自己负责。因此，家长要给女孩一点做决定的机会，让女孩学会如何做决定。

女孩做出了选择后，父母要尊重她们的选择，不要随意否定。因为做出选择毕竟需要勇气，父母随便就否定掉，既会打击女孩的自信心，又会让女孩觉得父母不是真的要她选择，只是做做样子。下次面临选择时，女孩也就没有什么积极性了，就会觉得一切都无所谓。

第六章

明智：女孩没了智慧，就像鸟儿没了翅膀

鼓励游戏——让女孩在游戏中激发智慧、动脑筋

　　游戏，对女孩成长的作用不言而喻，不仅有助于提高合作能力、表达能力和协调能力，还有助于提高胆识和智慧。在引导女孩的过程中，如果想让女孩更加聪明，就要鼓励她们玩游戏。

　　玩是孩子的天性，父母是孩子的良师益友，与孩子一起玩乐、一起畅游在游戏的空间中，不仅能跟孩子建立起一种亲密关系，还会获得别样的收获，让孩子在玩乐中一点点成长。

　　　　小茹虽然只有 8 岁，但已经在滑冰界闯出一片天地。对于这个结果，爸爸一点儿也不感到惊讶。因为女儿最早接受滑冰的熏陶，还是他的功劳。

　　　　早些年，小茹在无意之中发现了滑冰的趣味，然后就一发不可收拾地爱上了这项运动。5 岁时，爸爸给她买了第一双冰鞋，小茹开始学习滑冰，这项运动很快成为小茹的最爱。爸爸看到女儿深爱这项运动，后来甚至还发现，滑冰成了刺激女儿努力学习的一种手段，女儿总是努力学习，争取好成绩然后能多去滑冰场玩。

游戏，能让女孩的天性得以释放，展现出自己活泼、大气的一面，更能让女孩有一种"我最棒"的自豪感、自信心。大量的社会实验证明，在童年阶段女孩对游戏的需求没有得到满足，会形成残缺的心理和性格。未来的社会是一个充满竞争的社会，需要学会并遵守游戏规则，童年时的规则意识就是成年后法律意识、契约意识的基础。这种意识的培养，是无法通过说教达到的。

现在的独生子女，很多都在比赛中输不起，主要就是因为缺少游戏、缺少游戏中的心理适应能力。家长对女孩的期望值很高，女孩从小为父母的期待活着，对输赢和成绩过分在意，会使女孩的心理承受巨大的压力。这种压力得不到有效的疏解，很可能会引发一系列问题。

游戏可以让女孩关注到自己和他人的存在价值，逐步建立起一种通过沟通与交换获取所需的意识。因此，让女孩在游戏中放飞自己的情感与个性，真正体验游戏的情感与乐趣，是培养她们素质和能力的有效途径。

研究表明：经常和大人一起愉快地玩的女孩，通常有着较强的社会适应性。因为无论是益智类游戏，还是动手类游戏，或是外出旅行类游戏，都能让女孩在实践中培养思维、语言、操作、交往等能力。

◆善用游戏角色，让女孩在游戏中成长

玩具的游戏精神，就是让女孩在一定的环境中去学习生活和做人的基本意识。不要认为女孩把天空涂成红色是一种涂鸦，其实她们是在创造自己理想的天空；不要认为女孩把小玩偶拆得体无完肤是一种恶意破坏，其实她们是在探询未知的世界；不要认为女孩把自己弄得满身污垢是不讲卫生，其实她们是在用自己的身体感受生活真实的存在。想开发女孩的智力，就给女孩多一些放飞心灵的自由空间，少一些对与错的概念；给女孩多一些游戏的时间，少一些大人的安排。

　　杜女士的女儿上幼儿园时，曾一度和小朋友相处的很差，经常和小朋友发生口角，老师通知了杜女士。杜女士知道女儿在幼儿园的表现后，没有训斥女儿。吃过晚饭，她提议和女儿玩游戏，女儿很感兴趣。

　　因为杜女士经常带女儿坐公交车，于是一家三口便玩起了"公共汽车"的角色扮演游戏。在游戏中，女儿当售票员，杜女士和丈夫扮演角色不同的乘客，售票员要对不同的人采取不同的方法，做到笑脸迎人、话语暖人。

　　一家人玩得很开心，杜女士及时地鼓励女儿："女儿真棒！什么样的人都能应对，以后一定能和小朋友相处的好！"

　　后来，她们又玩过几次角色游戏，女儿的表达能力有了很大提高，也不怕陌生人了，肯与小朋友玩耍了。回家后，还绘声绘色地给杜女士讲幼儿园的事。

　　杜女士让女儿扮演"售票员"的角色，与不同的"乘客"交往，不仅为女儿增添了交往兴趣，还激发了女儿与人交往的自信心，让她学会与人交往的技巧，大大促进女儿交往能力的发展。

　　游戏是女孩喜欢的活动，更是培养女孩智力的重要方式，音乐游戏、角色游戏、体育游戏等，都能有效培养女孩的交往合作能力。玩耍是童年生活中的重头戏，玩耍中可以增长智慧，可以锻炼思维。同时，游戏时常常不是一个人，而是两个、三个、抑或更多的人，要想痛痛快快地玩，女孩就必须要学会交往，这种在游戏中学到的人际交往技巧是潜移默化的。

　　◆利用游戏，不断提升女孩的表达能力

　　由于家庭环境和父母教育方式的影响，有些女孩对大人的依赖性很强，只要离开父母到了陌生的地方，就会感到不安全，即使去了学校，也不愿表达，很难和其他同学相处。在这种情况下，强迫和压制女孩的情绪，可能会让女孩把痛苦压抑在心里，时间长了，会造成一定的心理问题。想要提高女孩的表达能力，也可以借用游戏的方式。

在小玲五六岁时，妈妈就开始有意识地锻炼她的语言表达能力。每天晚上，一家三口都会一起玩文字游戏，其中最常玩的就是成语接龙、绕口令等。

第一次玩成语接龙的游戏，小玲刚4岁，妈妈对她的要求不高，只要是四个字、通顺就可以。那时候，她根本跟不上节拍，但她非常细心，玩了几次之后，自己悄悄地记下了许多成语。

除此之外，她们还特别喜欢绕口令，妈妈教小玲的第一个绕口令是："国国和哥哥，树下分小果。哥哥给国国大小果，国国把大个给哥哥。哥哥让国国，国国让哥哥。都说自己要小个，外婆见了乐呵呵。"

刚开始，小玲不是把自己绕晕了，就是一口气下来，不知道说的是小果、哥哥，还是国国，惹得大家笑作一团。后来，渐渐地练习多了，小玲吐字越来越清晰，许多比较长的、有难度的绕口令，也能清楚地读下来。

文字游戏是锻炼女孩语言表达能力的最好方式之一，家长完全可以尝试一下。案例中，为了提高小玲的口头表达能力，妈妈教她绕口令。家长应该根据实际情况，有选择地教女孩绕口令，不仅有利于女孩口头语言能力的培养，还能锻炼女孩思维的敏捷和清晰度，对记忆力的锻炼也大有益处。

此外，还可以玩的文字游戏有：

以字找词。例如，列出一个"电"字，找出与"电"相关的词，如电灯、电扇、电视机、电冰箱等。这对丰富女孩的词汇、培养女孩发散思维能力极其有利。玩这种游戏，最重要的是要找好中心字，这个字必须是女孩比较熟悉的，且有较大的搭配性；不要找比较冷僻、女孩不熟悉、不易理解的字。

接字游戏。接字游戏就是将所有的词前后相连，形成一串词，例如，"电灯"下面可以接"灯泡""泡泡糖""糖水""水池"等。和女孩一起做这游戏时，要多想一些最后一个字容易接的词，帮助女孩一起把这一游戏顺利地进行下去，这种接字游戏能很好地开发女孩的智力。

善于动手——想到就去做，不要只动口不动手

很多父母都希望自己的女儿是一位心灵手巧、人见人爱的小才女，但实际生活中很多女孩学习成绩不错但动手能力很差。研究表明，人体大脑中支配手部动作的神经细胞有 20 万，而负责躯干的神经细胞却只有 5 万，手部动作灵敏对大脑发育的重要性由此可见一斑。家长在教育女孩学习知识的同时，一定要注意培养她的动手能力。

小冰虽然今年才 5 岁，但已经会背诵很多唐诗，也认识了很多汉字，还能讲很多故事，非常聪明，父母和老师都很喜欢她。不过，唯一令父母担忧的就是她的动手能力很差，幼儿园老师也时常跟小冰妈妈反映小冰的这个缺点，说她不爱写字、画画，也不爱上手工课，动手能力比其他小朋友差很多。如果不改善这种情况，不仅会影响到她的生活，还会影响到她的身心发展。

手脑相连，一双灵巧的双手不仅关系到孩子的自理能力、学习能力，更是孩子大脑发育良好的标志之一。可是，对于现代的中国家庭，真正让孩子动手的机会并不太多。

我曾在网络上看到过这样一篇短文：德国立法规定孩子必须做家务，6~10岁的孩子要帮助父母洗餐具，收拾房间，到商店里买东西；10~14岁的孩子要在花园里劳动，给全家人擦皮鞋；14~16岁的孩子要擦汽车、在花园里翻地；孩子到了16~18岁，每周要完成一次房间大扫除……如果不愿意干，父母就会通知有关部门，地方政府会派专门的执法人员上门监督孩子完成；如果孩子生病，也得跟父母书面说明。将孩子做家务写到法规上，原因何在？因为他们知道做家务可以提高孩子的动手能力。

"眼过百篇，不如手做一遍"——这是人们常说的一句话，说出了动手能力对人的重要性。动手能力强的女孩，一般都勤快细心、有耐心、爱劳动……

◆分给女孩一些小家务

家务活动是锻炼女孩动手能力的最佳途径，打扫房间、洗袜子、擦窗台、择菜、洗菜等虽然都是一些小事，但却能很好地锻炼女孩的动手能力，慢慢让她们养成爱劳动的好习惯。

小苗虽然是家里的独生女，可是，爸爸妈妈从不娇惯她，从小就分给她一些家务，让她成为家庭生活中的小助手。比如，每次洗衣服时，妈妈都会把她的小袜子单独放进一个水盆里，然后对她说："小苗，和妈妈一起洗衣服好不好？"小苗同意后，妈妈会接着告诉她洗袜子的步骤，并且表扬她说："小苗真是个了不起的女孩，不仅帮助妈妈洗衣服，还洗得这么干净！"听到表扬后，小苗总是表现得非常开心。

做饭的时候，妈妈都会让小苗帮着择菜和洗菜，如果她对此不感兴趣，妈妈会换一种方法，让她在吃饭时为家人摆上筷子，这样在吃饭前小苗总是会听到："这顿饭可是有小苗的功劳啊！""真是一个懂事的好孩子！"等类似称赞。

渐渐地，小苗做家务的主动性渐渐提高。随着年龄的增长，她不仅会主动帮忙做家务，还可以自己整理房间和书包，不用妈妈特别叮嘱，也能处理自己的学习和生活。

女孩小时，大人们总觉得她们还小，不舍得让她做什么；女孩大了后，又觉得功课任务重、压力大，没时间培养女孩跟学习无关的动手能力。教育家陶行知先生曾说："教学就是一件事，不是三件事，要在做上教，在做上学。"这里的"做"，就是要动手去体验，体验生活、体验知识、体验社会；并不是心灵手才巧，而是手巧才能更聪明。

发育正常的女孩，会随着年龄的增长出现想要摆脱父母控制的倾向，不要担忧女孩什么事情都做不好、做不到，要不断地鼓励她亲自动手去做，并在事情完成后给她肯定的评价。在父母的鼓励和支持下，经过多次尝试、动手学习后，女孩自然就会心灵手巧。

当然，除了让女孩动手干些家务劳动外，还可以指导她们做些简单的手工，如：折纸、剪贴、十字绣等，这些事情不仅不会影响女孩的正常学习，还有利于培养她的动手能力，有助于提高她的综合素质。

◆引导女孩自己动手找答案

女孩遇到不认识的字或不会做的数学题，总会去问父母，家长应该教会女孩找到答案的方法，而不是直接告诉她答案。

一个女孩和妈妈走在街上，抬头看见路边店的招牌上有一个"天"字，指着这个字问："妈妈，这个字念什么？"妈妈立刻告诉女孩，这个字念"天"，天气的"天"。女孩得到答案后，"嗯"了一声，继续往前走。

同样的情况，有些妈妈则会说："乖女儿，回家教你查字典好不好？只要会查字典了，大街上出现的字你就都能认识了。"于是，回到家妈妈就教女孩查字典，并让她查出了"天"。然后，妈妈和女孩从天气，谈到了蓝天，谈到了棉花状的云朵，谈到了风雨雷电，还谈到天空下美丽的花草树木。

面对孩子询问问题，父母一定要避免说："这个答案是……"或者"爸爸（妈妈）告诉你……"否则，很容易让孩子养成依赖性和懒惰性，一定要换一种告诉女孩答案的方法，即让女孩在你的暗示或者引导下自己找到答案，比如，可以对女孩说："你要的答案在那本书里呢，可以自己找。"或者"这道数学题课本上有公式和类似的题目，可以找出它的解题规律。"

同时，还可以为女孩提供各种结构材料，让女孩在玩结构游戏的过程中，锻炼自己的动手能力，比如：积木、七巧板、拼装玩具、橡皮泥等。如此，不仅有助于女孩动手，更有助于动脑，还能在学会技巧和专心解决问题的同时培养她独立工作的能力。

为了提高女孩的动手能力，可以使用下面几种方法：

制作法，引导女孩利用生活中的废旧物品，制作出精美的工艺相框、易拉罐娃娃等工艺品。

实验法，指导女孩利用简易的仪器或设备，亲自动手操作，验证或得出科学的结论，进而获取科学知识。

此外，还要鼓励女孩按照自己的意愿和要求，独立完成某项作品，比如：根据自己的想象制作出水磨；利用废旧钟表的零件，结合自己的想象力和创造力，以及事先准备好的方案，复制古代的灌溉设备等。

爱上阅读——鼓励女孩在书海中自由遨游

阅读对于培养女孩的气质来说，可谓是意义重大。无数事实证明，阅读量丰富的女孩，在人生观、世界观、感知力、求知欲和解决问题等方面都有很大的优势。此外，读的书多，积累的知识自然也就多，要想开发女孩的智力，就要鼓励她们多读书。

　　小惠在班级里排名第一，同桌小明排名二十三。自习课上，小惠给小明上起思想课："小明，你想知道怎样才能学习更好吗？"小明说："当然想了，谁不想学习好呢？"

　　小惠回答说："要想学习好，就要多阅读、多积累，积累的知识多了，学习自然会好。"

　　小明疑惑了："那你平时看什么书呢？"

　　小惠说："中国现代小说。"

　　小明问："都有哪些？给我推荐几本？"

　　小惠一口气说了一堆书名，小明顿悟似的说："原来你就是因为读的书多，学习才这么好的。"

　　小惠接着说道："我家所有的房间都放着一个书架，书架上摆满了各种类型的书籍和杂志。你如果想读，可以跟我借。"

故事中，小惠的家长做得非常棒。在家里营造出一个读书环境，不仅让家里溢满书香之气，还可以让女儿随手拿到书。试想一下，生活在这样的家庭环境中，怎么不会知识丰富、带有书香气质呢？

阅读，不仅会令女孩更具知性美，对女孩的人生还具有指导意义。俗话说"书中自有黄金屋，书中自有颜如玉"，如果女孩自己在书中读懂了：什么是真正优秀的女孩？女孩为什么要自信、坚强……那么，离开了父母的指导，她们也能学会做人处事，父母对女孩的教育也会相对省力很多。

培养良好的阅读习惯，不仅能帮助女孩更好地学习语文，还能让女孩成为有知识、有涵养的人。因此，要想让自己的女儿更加有气质，就要从现在开始培养她的阅读好习惯。

◆ **帮助女孩慢慢感受读书的乐趣**

女孩之所以喜欢玩游戏，是因为游戏可以让女孩感到快乐。同理，要想让女孩喜欢读书，也要让女孩感受到读书的快乐。

看到9岁的女儿喜欢读童话和漫画书，王女士就经常带女儿到新华书店买她喜欢的书。

在书店的儿童书区，女儿翻看一本本童话、漫画时，脸上总是露着笑容。看到阅读给女儿带来的快乐，只要女儿提出买某本书，王女士总会满足女儿的要求，把她喜欢的书都买下来。

周末时，王女士会带女儿到河边读书。母女俩会坐在河边草地上，女儿捧一本《格林童话》，王女士则抱一本《冰心散文》，枝头的鸟儿为她们唱着动听的歌曲。

看累了，女儿会让王女士读一些故事给她听。一次，王女士读《白雪公主》给她听，当读到狠心的王后毒害白雪公主时，女儿难过地说："妈妈，白雪公主真可怜。"而当王女士读到白雪公主被王子救活时，她立刻兴奋起来，说道："白雪公主得救了。"女儿读书时，会把自己的感情融入故事情节，这给她带来了快乐。

如今让多数家长感到头痛的是，孩子把读书当作一种折磨、一种任务，每天都是为了完成老师、妈妈交给的阅读任务去读书；有的孩子甚至还将读书当成一种应付的差事。其实，只要引导孩子对阅读产生兴趣，他们就会渐渐地爱上阅读。

为了培养女孩的阅读兴趣，可以从以下几方面做起：

顺应女孩的心理特点，到书店买书时，应让女孩自己选择书籍。遇到适合她看的书时，父母可以采用循循善诱的方法来激起她对此书的兴趣。

不要对女孩的阅读过程管得太死，如果女孩同时翻阅几本漫画书，父母应予以理解；

不可过早地限定女孩的阅读范围和阅读内容，应把阅读选择的权利交给她们，为她们提供轻松自由的阅读环境；

如果女孩不喜欢闷在屋子里读书，可以换一个环境，带她到大自然中去；

如果时间允许，可以跟女孩一起读书、一起讨论评价书中的内容，这样更容易让女孩发现读书的乐趣。

◆给女孩营造一个良好的读书氛围

很多时候，女孩并不是不爱看书，只是因为家里的氛围不好，凭什么大家都在玩儿，偏偏就我一个看书？身为家长，光给女孩订书、买书还不够，更重要的是要带她们爱上阅读。家长应该放下游戏，关掉电脑，要主动跟女孩一同阅读，即使不主动要求她读书，她看到大家都在阅读，也会不自觉地融入进来。

> 为了培养女儿的阅读习惯，周女士花很多钱专门为女儿开辟了一个书房，还为女孩买来很多书。可是，让她失望的是，女儿就是不喜欢读书。每天晚上吃完饭，周女士都会对女儿说："去读书吧，给你买了很多书，还没有读过呢。"然后，她则会收拾屋子，打开电视机，津津有味地看。
>
> 因为电视机的声音调得很大，女儿在书房中也听得见，觉得心中痒痒，根本就没心思看书。女儿在书房待不够十分钟，就会回到卧室开始看电视剧。有时被周女士发现了，女儿便说："口渴，想喝点水。"总之，就是不停找借口出来看电视，对于读书，根本没一点儿兴趣。

父母是孩子成长的一面镜子，父母的言行举止、兴趣爱好直接影响着孩子。特别是儿童期的女孩，她们一般都没有明确的学习目的，更容易受周围的人影响。如果父母热爱读书、看报，女孩多半会养成阅读的习惯；如果父母爱看电视、爱打游戏，女孩也会变得对这些东西痴迷。因此，家长要从自己做起，为女孩树立阅读的好榜样。

送什么礼物都没有比送女孩书贵重，养成什么习惯都不如带女孩养成阅读的习惯可贵，带女孩爱上阅读，是送给女孩一生最好的礼物。父母自身热爱阅读的行为能够感染女孩，要想培养女孩的阅读习惯，就要言传身教，用自身的行为去感染女孩，为她们树立一个好榜样。如此，女孩就会在父母的熏陶下，逐渐爱上阅读。

学会学习——拥有智慧，以好学为基础

　　未来的社会不是不属于没有知识的人，而是不属于不具备学习能力的人。学习能力会伴随女孩的一生，是其工作、学习、生活的基本能力。家长一定不要将眼光局限于女孩在学校所学的知识、考试成绩，要多关注女孩学习能力的提高。

　　在我们小区有个很优秀的女孩，她成绩优秀、人品好、相貌好，是老师眼中的好学生，家长眼中的好女儿。一次，我遇到了她的父母，在谈及自己的教育经验时，她爸爸说道：

　　有一天，她在家做作业，遇到了一道不会做的数学题，就拿着作业本来问我："爸爸，这道题怎么做？"我看了看，是道方程题："有一条马路，a队10天修完，b队8天修完，如果a队修了4天后由b队修，将这条马路修完，两队共要修多少天？"我简单分析了一下，就一步步写出了算式，每写一步，就给她解说一句，女儿听后"嗯"一声。等我写完算式，她便高高兴兴地往本子上一抄，作业就完成了。

　　可是，问题很快就出现了。几天之后，女儿做作业时又遇

到了同样的问题，还是不会做，又拿来问我。怎么回事？我当时有点生气，后来仔细一想，才明白：把答案直接告诉孩子，少了思考的过程，孩子接受的只是现成结论，没有真正理解，印象不深、记不住、不巩固。所以，应该设法让她们掌握学习方法。

于是，我改变了辅导方式。比如算术题，我就会采用反问法，启发女儿思考，让她自己回答。光"嗯"一声不行，还要让她讲出道理。问题逐渐向结果靠近，直至最后女儿自己豁然开朗，明白了解法，且能自己列出算式。

不得不说，这真是一位有智慧的家长。对女孩来说，作业答案并不重要，重要的是提升她们的学习能力。即使家长知识再渊博，也不能替代女儿去学习，所以家长一定要抓好关键细节，将具体的学习方法教给她们。

在今后的社会中，学会学习比掌握知识更重要。联合国教科文组织在《学会生存》一书中指出："在未来社会里，文盲将不是不识字的人，而是不会学习、不会自己更新知识的人。"是否具有学习能力被提高到是否要被列入文盲的地步。可见，学习能力对女孩一生的重要性。因此，家长应根据女孩的实际情况，培养她们的学习能力。

◆让女孩带着"问号"去学习

问题是思维的起点，学习中不带问题出发，女孩的思维就会变成无源之水、无本之木；同时，问题还是创造的前提，世界上一切发明创造都是从问题开始的。所以，无论是在生活中还是在学习中，父母都要鼓励女孩提问，让女孩多问几个为什么。

女孩小新刚上小学二年级，别看她年龄小，懂的知识已经非常多，连老师都称赞她像个小型的"百科全书"。邻居也都夸小新聪明伶俐、知道的东西多，是一个小神童。

　　每次出门，邻居们总要问小新妈妈是怎么教育出这么聪明的女孩的。其实，小新妈妈知道，女儿并不是神童，而是每天早晨的那一个"为什么"起到了重要作用。

　　清晨，外面下着渐渐沥沥的小雨，妈妈会问小新："你说为什么天空会下雨？"小新想了一会儿，说："妈，是不是天空哭了，下雨就是它在流泪啊？"这个答案说明女儿很有想象力，接着小新妈妈还会引导小新："天空流泪会下雨，还有什么时候会下雨呢？"

　　小新想到家里有一本儿童版的百科全书，立刻查找到"天空为什么会下雨"的答案，有板有眼地给妈妈讲解。

小新妈妈确实是充满智慧的，她巧妙利用生活中最常见的自然现象引起女儿心中的问号，适时引导女儿自己去找寻答案。为了让女孩学会学习，父母们完全可以参考上面的例子，在平日的生活中随时为女孩创造一个思考的情景，让她们在思考的情景中学会思考。

大文学家巴尔扎克曾说："打开一切科学的钥匙，毫无异议的是问号。"人的思维开始于问题，女孩的思维也是伴随着层出不穷的问题而展开。因此，家长要让自己的孩子多思考、多提问，让她真正成为学习中的探究者。

◆让女孩有计划地学习

计划是女孩实现学习目标的蓝图，每个女孩都应该有自己的学习目标，而实现目标，需要脚踏实地、有步骤地完成，时间和任务的科学结合，就诞生了计划。为了引导女孩学会学习，就要从旁协助她们制定计划并努力实现它，如此才会离成功的目标越来越近。

　　小桃今年上三年级，在妈妈的帮助下，她自己制定了学习计划。

　　在计划执行的前两天，小桃精神头非常足，每天晚上不用妈妈催，自己就会以最快的速度将计划完成，然后向妈妈炫耀说："妈，我今天的计划完成的可快了！"可是，刚到第三天，小桃的新鲜劲就完全消失了，不仅复习、预习的步骤省略了，连做作业都拖拖拉拉，每天晚上非要熬夜到很晚。

　　妈妈觉得这样下去不是办法，于是想到一个好办法，就是和小桃约定，每天她做作业的时间只有一个小时。于是，晚上小桃做作业时，妈妈把闹钟上好后就去忙自己的事情，而小桃则是一边玩一边做，妈妈也不提醒她。

　　一小时很快就到了，闹钟响起来，小桃大声地嚷道："时间怎么过得这么快啊，我还有两道题没有做完呢。"说完，就冲妈妈投去了求助的眼神。妈妈装作没看到，说："时间到了，不要做了，立刻去睡觉。"

　　第二天，妈妈偷偷把小桃没做完作业的原因告诉了老师，老师也非常支持小桃妈妈的这种做法。当然，老师也批评了没做完作业的小桃。这天晚上，妈妈又给小桃上好了闹钟，小桃一开始做作业就抓紧时间，效率明显提高，不到一小时就把所有的作业做完了，剩下的时间用来预习和复习。从这之后，小桃的学习计划就一直这样执行了下去。

　　一个闹钟就解决了女儿做作业拖拉的坏习惯，我们不得不佩服这位妈妈的巧妙想法，这种经验很值得父母学习和借用。

　　在学习过程中，每个女孩都会为自己制定学习计划，为什么有的女孩能够很快很好地完成，而有的女孩却没有呢？最大的原因就在于，她们是否认真地去执行这一学习计划，是否具有计划的执行力。所以，父母和老师要紧密配合，引导女孩制定学习计划。

第七章

坚强：自己不坚强，没人会在你无助时伸出援手

不要哭泣——哭不是女孩的代名词，寻找办法最重要

只有坚强的女孩，才能在逆境中高昂头颅，在暴风雨中找准自己的方向。坚强的女孩必将有一颗坚韧的心，这颗心能让她在痛苦面前微笑，在挫折面前挺腰，在困难面前屹立不倒。这颗坚强的心是父母能够给予女孩的，也是想让女孩生活得更美好必须给予的。

◆ 多加鼓励，女孩才能不懦弱

女孩的成长道路不是一帆风顺的，总要披荆斩棘。作为父母，要给女孩提供美味的食物、漂亮的衣服、各种玩具，更要给她们一颗勇敢的心。因此，家长一定要狠下心来，鼓励女孩勇敢一些。

小婷四五岁时，胆子特别小，从来不敢一个人待在家里，即使是大白天，只要爸爸和妈妈不在，小婷就不敢一个人留在家里，总是到附近的奶奶家去；每次家里来了客人，她也总是羞涩地笑笑，最多就喊一声阿姨、叔叔，然后就走进自己的屋子，再也不敢出来；要是听见打雷、看到闪电，总是吓得缩进妈妈怀里……

小婷妈妈知道，每个女孩都会遇到这样的问题，可是如果不纠正，必然会对她们未来的生活造成影响。因此，在小婷很小时，

妈妈就重视培养她积极大胆的性格，引导她遇事心中有数，在人生道路上能够坚强地走下去。

为了让小婷大胆起来，妈妈还会鼓励她去参加各种活动。幼儿园每周都会举行故事比赛，小婷之前只是静静地当一个观众，后来爸爸鼓励她去锻炼。

刚开始时，小婷不敢上台。为了让小婷大起胆子，每天晚饭过后，爸爸妈妈都会在家里举办一个故事比赛，每个人各讲一个小故事，轮到小婷上台，如果她有点胆怯，声音很小，爸爸和妈妈就会在下面不停地竖起大拇指，用眼神告诉她："你做得很棒。"就这样，在父母的鼓励下，小婷逐渐成为家庭故事会的主角。后来，小婷的胆子越来越大，终于敢于走向学校的舞台。

如果女孩胆子小，家长一定要鼓励她多说话，千万不要说"你一定这样或那样做"等，应多讲"你看怎样办""你的想法是什么"，要给女孩一个独立思考并发表自己意见的空间。当你开始鼓励、重视女孩的讲话时，她们也就愿意讲话了。

当然，还可以多带女孩到各种集体场合。其他人表示出来的对女孩的友好尊重，能使她感到快乐，也会使女孩更愿意与人交往。

◆父母做女孩坚强的好榜样

女孩是父母共同缔造的结晶，身体里有着父亲和母亲最优秀的基因，从女孩出生的那一刻，父母的言行就成了女孩模仿的对象，所以要想拥有一个坚强的女孩，就要做个坚强的爸爸或妈妈。尤其是妈妈，更要如此。父母都要做女孩坚强力量的来源，让女孩从模仿自己的坚强开始学起。

有一天，妈妈带着小梦去医院接种疫苗，小梦一进医院就非常紧张，死死抓住妈妈的衣角，妈妈不停地安慰她说："小梦乖，别怕，妈妈会一直守在你身边的。"

谁知，刚一进入诊疗室，小梦就紧紧抱住妈妈的大腿，眼泪在眼眶里打转，最后"哇"的一声哭出来，不肯配合医生。小梦的哭声让妈妈眼中也泛起了一层水雾，就在她不知所措时，一位恰巧经过的老医生走了进来，对小梦妈妈说："对不起，请您现在就出去，孩子留下！"

小梦妈妈忐忑不安地在诊疗室外面等待着。一段时间后，小梦平静地走了出来。妈妈急忙抱着她问："小梦，疼吗？你哭了吗？"小梦挺着自己的小胸脯骄傲地说："妈妈，有点疼，但我一声也没哭！"

后来，那位老医生解答了小梦妈妈的疑问："家长守在孩子身边，孩子会因为你的心疼和柔弱更加撒娇、任性、哭泣，学不会坚强。只有你不在她身边，才能促使她自己去直面问题，变得更加坚强。"

勇敢和坚强不是天生就有的，离不开父母的培养。女孩在家中受到父母的多重保护，只能造成性格中的软弱；总是担心一些东西会伤害到女孩，会直接影响到女孩对该事物的看法，继而产生恐惧心理。

家长出于对女孩的爱，替她扫清所有障碍，替她解决所有困难，像"守护神"一样一次又一次地守护女孩躲过危难。这看起来像是帮助了她们，其实是阻挡了她们独自面对困难的机会，更别提解决困难了。

父母给女孩最好的礼物，不是房子和金钱，而是培养毅力和坚强。具备了这样的能力，她们的人生就不会太差。

父母能守护女孩一时，却不能守护女孩一世，家长要做的就是，培养她们的坚强性格，鼓励她们战胜人生中的一个又一个挫折和困难。

不要放弃——即使条件不好，也要主动迎难而上

就像长跑一样，选择跑完，还是放弃，往往就在一念之间。这时，父母应该给女孩上一堂课，告诉她们：放弃意味着前功尽弃，再坚持一下，虽然有苦有累，但能换来甜蜜的胜利；懂得再坚持一下，就能变得越来越优秀；反之，就会成为一个"三天打鱼两天晒网"的人。

饭后，妈妈和小美一起看故事书，她们看到了这样一个故事：

1950 年，弗洛伦丝·查德威克成为第一个横渡英吉利海峡的女性。两年后，她从卡德林那岛出发，游向加利福尼亚海滩，想再创一项世界纪录。

那天，海面浓雾弥漫，海水冰冷刺骨。查德威克游了漫长的 16 小时后，嘴唇已冻得发紫，筋疲力尽。她抬头眺望远方，结果只看到弥漫在周围的雾气。"现在还看不到海岸，看来这次无法游完全程了。"她一边想着，一边身体瘫软下来，甚至没有一点力气再划一下。

"把我拖上去吧！"她冲一直陪伴在旁边的小艇上的人说。

"再咬咬牙，再坚持一下，很快就到了。"同伴鼓励她。

"瞎说！如果是快到了，我就应该能看到海岸。快，把我拖上去！"于是，查德威克被拖上了小艇。

小艇开足马力向前驶去，就在查德威克裹紧毛毯喝了一杯热汤后，海岸线出现在眼前，甚至还能隐约地看到海滩上欢呼的人群。到此时她才知道，同伴没有骗她。她仰天长叹，后悔自己没能再坚持一下。

看完故事，妈妈对小美说："看到了吗？很多时候，我们做事就像查德威克游泳那样，只要再坚持一下，就可能成功了。"

小美点了点头。

做事不能坚持，往小的方面说就是缺乏耐心，往大的方面说是缺乏恒心。缺乏耐心的女孩，做事会虎头蛇尾、容易急躁、容易冲动；她们做事不能持之以恒，无法长期坚持某一个行为。

威蒙是美国著名的心理学家，他曾对150名有成就的较高智商者做过研究，发现她们的成功与三种性格品质有关：一是坚持力；二是为实现目标不断积累；三是自信。由此可见，执着的性格对女孩的成功是多么重要。因此，父母要让女孩从小就养成"凡事都要再坚持一下"的习惯。

当女孩有了凡事要再坚持一下的意识后，在学习上就会专心致志地对待每一节课、认真完成每一次作业，日积月累就会取得好成绩；生活上，就会不断严格要求自己，如洗碗、刷盘子，如果女孩懂得坚持到底，就不会在洗碗的过程中偷懒，更不会马马虎虎、敷衍了事。

坚强执着的性格是一个人心理素质优劣、心理健康与否的衡量标准之一，也是女孩未来成功的关键因素之一。家长应该为女孩做好榜样，同时在现实生活中训练女孩的坚持力。

◆教导女孩凡事"再坚持一下"

从心理学角度来说，意志薄弱是当前女孩普遍存在的一个问题，做事不能自始至终、缺乏毅力，面对困难依赖成人帮助、独立性差。可是，不管怎样，家长都要让女孩懂得一个道理：坚持才有胜利。

8岁的小青在阿姨家见到一架钢琴后，非要学习钢琴，为了练习钢琴，她还特意剪掉了自己漂亮的指甲。但没过多长时间，练琴的枯燥和辛苦就让小青打起了退堂鼓。

一天早上，小青摸着自己肿起来的手指头，不愿意再碰钢琴。妈妈没有责备她，而是给她讲了这样一个故事：

在一次拳击比赛中，一位拳击手被对手打得头破血流，但他依然没有放弃，每次被打倒，他都坚持爬起来；即使场下的观众让他别打了，他依然一次又一次地顽强站立起来，直到耗尽所有的力气昏迷过去，比赛才结束。后来，对手走到后台问醒过来的他："比赛时，你已经没有力气，胜负已定，你为什么还要站起来？"这位拳击手说："你说的没错，胜负已定，或许倒下才是一种解脱，可是假如我当时真的倒下，那以后我便再也站不起来了。每次倒下时我都会在心中对自己说：坚持，你一定行，只要再坚持一下就可以了！因为只有我爬起来，才有胜利的希望。"

小青听完妈妈的话，羞愧地说："妈妈，我也要坚持。我很喜欢弹钢琴，现在这点困难是难不倒我的。"妈妈看着女儿脸上又扬起自信的笑容，欣慰地说："小青真是一个好孩子，你要记住凡事'再坚持一下'，就会越来越坚强，世界上就没有什么事情是你做不到的。"

希望女孩拥有坚强的性格，并愿意不遗余力地锻炼她，本身就是一个需要耐性的过程。而这个过程就像教会女孩建造一座房子一样，要想让她多一些耐性和韧性，就要让她一砖一瓦坚持累积下去。

坚持力是坚强意志磨炼出来的，环境越艰难，越能锻炼女孩的坚持力。类似这样的训练能很好地锻炼女孩的意志力，使女孩在困难面前更坚强，从而有勇气执着地坚持下去。当然，为了让好的习惯在女孩心中形成烙印，当女孩经过努力，出色地完成一项事情后，要及时给予表扬。

当女孩做事不能善始善终时，可以这样鼓励她："你应该再坚持一下，直到你发现这条路走不通为止。不管是直接地还是绕道而行，只要能够走过去，你都应该试试。当你感觉自己坚持不住时，正是要你再坚持一下时。挺过这一刻，就成功了。"

同时，还要给女孩一些鼓励，比如："你做得确实很不错！""我知道你一定能将这件事办好！""既然已经开始了，就再坚持一下！"在这些温情话语的鼓励下，女孩就会激发出做事情的热情，并不断自我暗示，心中充满信念。在信念的支撑下，女孩就能一步一步实现目标，无论是顺境还是逆境，机遇还是挫折，都是如此。

◆让女孩学会自我激励

生活就像一场游戏或比赛，当女孩陷入无法克制的境遇，感到毫无办法时，父母也帮不了她们，她们唯有不停地给自己加油打气，激励自己坚持到底，才能改变境遇。

学会自我激励，心中就会充满奋斗的动力。要让女孩不断地告诉自己："我今天的表现真不错"，然后慢慢变成"我的表现总是不错"，从而促进自己不断进步。一旦女孩失去了自我激励，就像汽车突然没油了一样，很快就会偃旗息鼓、不思进取。

　　小果的学习成绩在班里算是中上游，到了小学六年级，成绩开始滑向中游。奇怪的是，小果好像一点也不在意，学习还是不紧不慢。父母认为，不应该要求女孩为分数而拼命，对她的学习态度也就没有重视。

　　小果就要升初中了，学习成绩还是老样子，不好也不坏。父母有些着急，她们知道照这样的成绩，是无法进入重点中学的。而小果好像并不在乎自己能够进什么学校学习，照样是写完作业就去玩。

　　一天，妈妈对小果说："女儿，你要努把力，争取考入重点中学才行呀。"小果冷冷地说："妈妈，考什么中学对我来说都无所谓。"

　　就这样，小果不听父母的管教，整天混日子，成绩越来越糟糕，初中毕业之后就再也不肯上学了。

这就是小果不懂得自我激励遭遇的结局。

不懂得自我激励，就会失去上进心，没有目标、没有方向、没有前进的动力，遇到困难时更不会坚强应对，而是随意敷衍。生活不是比赛，并没有观众。如果女孩只是为了父母、老师、同学等的关注而努力，失去了关注就不努力，人生也会变得艰难很多。父母应该告诉女孩：在无人为你加油喝彩时，最好的观众就是你自己，应该尝试着不断激励自己前进、激励自己坚持、激励自己执着地追求。

当然，自我激励是一种习惯内化的结果，要鼓励女孩自我激励，让女孩不仅重视父母的赞扬或物质奖励，更注重对自己努力的肯定，并能正确地面对物质上的诱惑。在女孩取得进步和好成绩时，父母虽然可以给女孩赞扬和奖励，但最终还要靠女孩自己的力量来自我激励，强化自己的行为。

鼓励自己——让女孩告诉自己：我能行！

俗话说："没有常胜的将军。"每个女孩都会面临失败的遭遇，关键要让女孩学会勇敢地接受失败，从中获得教训、取得进步。因此，当女孩失败时，适时地扶她一把，给予鼓励，帮女孩克服失败或失望所引起的不良心理反应，才能帮助她提高对失败和困境的忍耐力，保证她们有信心去克服这些困难。看到女孩失败，就批评，女孩今后就会越来越害怕失败，一旦失败，就会失去面对的勇气。

小薇好胜心很强，上小学时她总能拿到班上的第一名。可是进入初中后，优秀的女孩越来越多。在一次期中考试时，小薇的排名掉到了班上第十名，小薇无法接受这个事实，心里感到很不好受。可是，妈妈非但没有安慰小薇，反而说："你以前不都是第一吗？怎么这次考了个第十？退步这么多！"一句话说得小薇更是信心全无。

在以后的日子里，虽然小薇也付出了很大的努力，可是每次考试成绩都不理想。小薇十分郁闷，再加上妈妈的批评，心理压力非常大，认为考这样的成绩，根本无法去面对父母关切的目光。

后来，随着压力越来越大，小薇越来越自卑，开始逃避学习，逃避上课，渐渐地开始逃课，甚至还接触了一些社会小青年。

不管做什么事情，都会遇到很多风险和困难，甚至失败。在成长过程中，女孩也会遇到一些，父母要做的就是：让女孩学会预料未来的种种困难。当女孩遭遇了失败时，千万不要说："你是怎么搞的？把事情弄得这么糟糕！""你是不是猪脑子啊？这都能忘？"或"你不用学了，根本就不是学习的料！"……经常处在这种话语的反复"暗示"下，女孩就会渐渐接受这种错误的判断，从而将这些错误的判断作为自我评价的一部分。长此以往，必定会怯懦、自卑，认为自己什么都干不好，很容易失去战胜困难的勇气和动力，继而变得一蹶不振。

失败不可怕，只要能鼓励女孩勇敢地面对，从中总结经验和教训，她们就会获得成功。如果家长有了"失败非但不是一件令人沮丧的事，反而应该可喜可贺"的观念，并将这种观念灌输给女孩，她们就不会为失败担惊受怕了。她会不畏失败，跌倒了爬起来，再跌倒再爬起来；下一步，她将走得更坚实、更勇敢、更稳健。

女孩失败时，父母应该认真倾听她们的心声，帮助她们分析失败的具体原因，鼓励她们正确地面对失败，并帮助她们走出失败，继续坚强地面对生活和学习中的各种困难。

◆ 强化女孩的自我激励意识

积极的心理暗示，可以为女孩提供充沛的原动力，使她冲破重重障碍，成为一个自强不息的人生斗士。当女孩为失败而感到苦恼时，父母应该理解她们，并用关切的态度表示出自己的理解。父母帮助女儿的最好办法，就是让她们学会自我激励，为自己喝彩。

在学校运动会上小涵跑步得了最后一名，但妈妈知道她已经尽了全力。

在回家的路上，小涵沮丧地对妈妈说："妈妈，我今天得了倒数第一。"

妈妈走到小涵的面前，低下头，将双手放在女儿的肩上，慢慢地说："今天的跑步，我看到了。你已经拼尽全力了，我不会因为你落到了最后就不高兴的。即使是跑最后一名，只要是认真地跑了，就是最好的！所以，跑最后一名没关系，坚强地面对失败，今后加强锻炼，你就能跑得越来越快。"

小涵渐渐地恢复了平静，发誓说："明年，我一定要跑第一名！"在之后的日子里，小涵经常利用空闲时间进行跑步锻炼，努力地朝着自己的目标前进着。

善于自我激励的人，总是能发挥出自身的潜能，创造出超越自己能力的神话；而不会自我激励的人，即使天赋不错，也无法开发出自己的潜力，甚至会走上绝路。所以，看到女孩在学习、生活中，遇到了困难或开始气馁时，父母一定要强化女孩的自我激励意识。

失败乃成功之母，人的一生不可能一帆风顺，帮助女孩的最好办法，就是让她们学会自我激励，给自己喝彩，让她们在积极的自我激励之下，领会到自己的努力和良好的行为是一种很好的奖赏。同时，还要鼓励她们记录自己获得的成功。

自我激励的目的不依赖外部赏识，而是要让女孩对自己进行肯定、鼓励和表扬。在对女孩进行表扬时，可以有意识地将主语"我"改成"你"，比如："你又有了进步，我为你感到骄傲"可改为"你为今天的进步一定付出了很多努力，你会为自己感到骄傲的"。时间长了，女孩就会从内心承认自己，同时明白：努力后获得的成功，就是对自己最好的奖励。

◆让女孩学会积极的自我暗示

从女孩出生起，父母就是女孩最亲近的权威和最有效的老师。父母的言行举止、心态心理对女孩的心理或行为影响很大，女孩在生活中会出现与父母相符的行为表现倾向，有些女孩甚至还会成为父亲或母亲的翻版。每个人的易感性不同，受心理暗示的效应也不同。女孩的年龄越小，对心理暗示的阻抗也就越小，父母在女孩心中的权威性越强，心理暗示的效应也就越显著。女孩的自我意识还没充分发展，她们对事物的判断力发展远落后于求知欲、好奇心和观察力，而积极的自我暗示，能够帮助女孩建立起自信。

还有两个月就要参加中考了，可在最近的模拟考试中，小星的成绩很不理想，老师也说她升入重点高中的希望很渺茫。回家后小星闷闷不乐，将自己的成绩和老师的话都告诉了妈妈。

妈妈虽然很担心，但依然面带笑容地说："没事，你的成绩上普通高中是没问题的。再说现在离中考还有2个月，一切都是有可能的。"妈妈让小星每天在心里对自己说："我能行，我相信自己。"

小星将妈妈的话记下了。慢慢地，妈妈发现小星有了新的变化，她脸上又出现了久违的笑容，学习成绩也不断地提高。

积极暗示会增强女孩的自信心，女孩的心态也会随之平稳。运用积极的自我暗示，女孩就会调动自己的各种潜能，朝着既定的方向前进。当女孩在奋斗的过程中遇到困难和挫折时，家长要让女孩学会暗示："我可以做到，问题一定能解决。"当女孩参加长跑时，可以让女孩暗暗对自己说：

"坚持，胜利就在前面。" 当女孩参加有挑战性的活动时，父母要让女孩学会在心里暗暗地鼓励自己：我可以战胜困难。在这样的积极暗示下，女孩会变得坚强和勇敢，也就更容易能克服困难了。

一定不要让女孩忽略潜意识的作用，学会积极、正确的暗示，女孩就会自觉抵制那些消极的坏影响，最终达到目标和理想。家长要教给女孩如何自我暗示，用积极的正面话语，不让女孩对自己产生怀疑，避免其产生 "我做不到" 的潜意识。

突破障碍——坚强的意志都是后天磨炼出来的

在女孩小时就让她感知到困难，会让她在日后的生活中变得更加坚强，所以明智的家长就要给自己的女儿主动设置一些障碍，让她凭借自己的能力一步步渡过"坚强关"。坚强的意志都是后天磨炼出来的，为了让女孩更多地体验磨难，家长主动为她们设置一些障碍，可以增加她们的体验感。

比如，在外出游玩时，与女孩一起爬山，山路高低不平，对于她们来说非常难走。家长不要着急帮助她们，要让她自己跌跌撞撞地往前走；看到女孩踩到小石子或踩到小坑里摔倒在地，也不要立刻把她扶起来，要鼓励她说："摔倒了，自己站起来！"

在设置障碍时，还要有目的、有针对性地组织障碍性活动。因为设置障碍会产生正反两方面的效应，如果运用得不好，反而会刺伤女孩，抑制女孩的积极行为。

◆让女孩在成长的道路上吃一点苦

太过安逸的生活，容易让女孩变得"衣来伸手，饭来张口"；什么事情都依靠别人，一旦遇到突发事件，心理承受力极差的女孩，根本经受不住生活的打击。因此，为了锻炼女孩的意志，就要让她们学着吃苦，磨炼一下吃苦耐劳的精神。

> 在小舟成长的过程中，爸爸妈妈都非常注重培养她坚强的意志。不到 3 岁时小舟就要自己吃饭，还要和妈妈一起收拾玩具；上幼儿园后，小舟要自己背着书包坐校车上学；做完作业后，还要帮妈妈洗碗、浇花等。
>
> 随着小舟的长大，爸爸妈妈的教育也逐渐深入。为了更好地培养小舟坚韧不拔的意志，爸爸规定，小舟过了 10 岁后，零花钱要通过做家务挣取，不能随便伸手向父母要钱花。
>
> 在爸妈的严格教育下，小舟曾经一个月只有 2 元零花钱，因此她也养成了勤俭节约的良好习惯。更重要的是，小舟从小就接受了"吃苦"教育，不仅没有被那些"苦头"吓倒，反而培养了积极心态和乐观性格。
>
> 小舟以全校第一名的成绩考入市重点中学，当老师让她发表感言时，她充满感激地说："我要感谢我的爸爸妈妈，在我的成长过程中，是他们的'吃苦'教育让我成为一个坚强的人，让我在学习生活中受益匪浅……"

富养女孩并不是说女孩不用吃苦，只有经历过吃苦教育的女孩，才能成为父母真正的骄傲。

很多家长把女孩看作是未来的希望，在女孩的成长过程中，宁肯自己吃千般苦，也要给女孩满满的爱，这样只能让女孩养成"衣来伸手、饭来张口"的不良习惯。过惯了衣来伸手、饭来张口的生活，女孩就会变成只会读死书的人。当住进学校、走入社会时，什么也不会干，她们的表现可想而知，定然会被人笑话、看不起。所以家长千万不要觉得只要爱女孩就万事大吉了，在爱的同时，一定要让女孩吃点苦。

◆**对女孩进行挫折教育**

为了提高女孩的抗压能力，要尝试着给女孩进行一些挫折教育。

女儿小学五年级时，才转到现在这个学校。以前由于工作的原因，郭女士和丈夫一直在另一个城市，后来随着丈夫工作的调动，全家迁到了现在的城市。女儿学习成绩一直很好，是老师骄傲、同学羡慕的"人物"。转入新学校后，由于环境等原因，女儿的成绩一落千丈。

开始时，女儿认识不到自己身上的原因，一味地认为是老师未能发现其才能，常有怀才不遇之感。比比过去，由"宠儿"变成了班上的普通生，她更是心灰意冷，提不起学习劲头。

为了解除女儿的顾虑，郭女士每天都要给她讲几个名人奋斗的故事，帮她解决学习中的难题，教给她应对挫折和困难的方法，女儿也在一天天地改变，开始直面困难，继续努力。

进步的道路并不是一帆风顺的，总会夹杂着许多失败。期中考试，女儿的成绩依然不满意，回到家中，低头站在那里，眼睛盯着自己的双脚，沮丧极了，看起来像是世界上最失败的人。

郭女士看到女儿的样子，鼓励她说："你不笨，也不傻，爸爸和妈妈都很喜欢你，你是个好孩子。可是，面对挫折，应该勇敢一点。只要敢于面对它们，你就能战胜它们。"

女儿抬起头怯生生地问："我真的能战胜那些困难吗？"

郭女士回答说："是的，妈妈相信你一定能行的！"

"我已经很努力了，可还是失败了啊。"

"很正常，哪有一帆风顺的成功，成功不就是因为失败的次数多了有经验了吗？"

经过半个多小时的鼓励，女儿终于慢慢地减少了对失败的恐惧。

"不经一番寒彻骨，哪得梅花扑鼻香"，家长在教育女孩自强时，一定要提高她们的受挫能力，因为只有在挫折中，女孩才能成长起来，才能自强起来。

当然，在给女孩设计挫折时，一定要根据女孩的年龄段，有意识地给女孩设计一些困难，给她们提供克服困难的机会，培养她们良好的耐挫力和积极乐观的人生态度；还可以根据女孩的具体情况，创造一些高于女孩承受力的难题或情境，将她们的弱点及时暴露出来，发现问题，激发动力，也就是说，要让女孩多吃苦，多储备能量，在吃苦中获得经验，在储备能量中增长能力。

第八章

主见：任何事都自己动脑筋的女孩最值得称道

鼓励表达——少些制止，让女孩表达自己的想法

著名心理学家皮亚杰认为，成人与孩子最本质的区别，就是孩子的思维与成人的思维存在本质的不同，尤其是女孩。女孩有自己的思维习惯、方式、逻辑，成人以自己的思维方法做出结论，而以自己的标准来训斥她们，并不是真正尊重女孩，只能扼杀掉她们的天性。因此，如果想让女孩有主见，就要鼓励她们将自己的想法和意见说出来。

小敏是个正在上小学二年级的女孩，一天早餐时，她兴奋地对妈妈说："妈，我昨晚做了一个奇怪的梦，梦见……"妈妈摆摆手说："别说了，快吃饭！一会儿上学要迟到了！"小敏埋头吃完饭，背起书包上学了。

晚饭时，小敏又想起昨晚的梦境，对妈妈说："我昨晚做了一个梦，可有趣了……"还没说完，妈妈打断她说："先吃饭，吃完赶快写作业！"

吃完饭，小敏说："我今天作业不多，一会儿再做。先给你讲我的梦吧！"妈妈不耐烦地说："一个梦有什么好讲的。赶快写作业，写完作业再预习一下明天的内容。"说完就走了，留下

小敏一个人失落地站着。

　　渐渐地，妈妈发现小敏变了。以前，每次放学回来，她总会妈妈长、妈妈短地说个没完，现在却什么都不说。许多事情，都是班主任给她打来电话，她才能知道。对自己的许多话，小敏也开始置之不理，这是怎么啦？妈妈又迷惑，又伤心。

　　上文中的小敏，本来是把妈妈当作朋友，乐于向妈妈倾诉内心的感受，却遭到了妈妈的冷淡与拒绝，使她觉得自己不受重视和尊重。要知道，让女孩大声说出自己的想法是非常重要的。

　　女孩大声说出自己想法的过程，她们的个性会得以张扬，心灵会得到放飞，思想会得到解放，自主意识会得到加强，自尊和自信也会得以保持和恢复。家长为了维护自己的权威，板起面孔强迫女孩按自己的指令做事，会损伤女孩的自尊心，引起她们的不满，使她们关闭自己的心灵，不愿再与父母沟通。

　　女孩敢于大胆表述自己的看法，是一种自信的表现，更是一种能力的体现。鼓励女孩主动说出内心的想法，可以培养女孩的创造性，可以发展女孩独立自主的意识，有益于女孩的健康成长。无论女孩的意见如何幼稚，父母都应认真倾听，加以鼓励；还可故意提出不同意见与女孩进行讨论。如果女孩的想法不对，要认真地倾听之后加以纠正。记住：鼓励女孩主动说出内心的想法，才能培养出具有创造性头脑的女孩。

◆对女孩的话要表示浓厚兴趣

　　很多女孩的困扰在于，怕父母没有兴趣听，甚至嫌自己的情感太肤浅、想法太幼稚、做法不成熟……所以，如果父母对女孩的谈话没兴趣，她们就会变得越来越不喜欢和父母沟通，渐渐失去了和他人沟通的自信。要想让女孩表达，就要对她们话表示出浓厚的兴趣。

"妈妈，我……" 10岁的小琳放学回来，一脸难过。

"怎么啦？好好说，别着急。" 妈妈关切地看着女儿，把她搂在怀里。

"今天放学，跟小可约好一起回家，可她一转眼就不见了，我等了她好长时间，最后学校都没人了，我才一个人回来。" 小琳委屈地说。

"哦，她可能忘记了，或者临时有事，明天到学校问问，将事情说清楚就行了，别老想着。" 妈妈安慰道。

"她不该忘记我们的约定，让我呆呆地等了这么长时间，我真伤心！"

妈妈抚摸着女儿的头发说："每个人都会无意间犯错误，只有学会宽容别人，朋友关系才能持久……"

这时电话铃声响起，妈妈拿起听筒，之后递给女孩："是小可打来的，她问你回来没有，并表示道歉。"

小琳接过话筒说："小可，没关系，我们还是好朋友！"

对女孩想说的话，父母表示出很大的兴趣和认真态度，会使女孩对父母产生亲近感。父母可以用体态语言，即面部表情、身体姿态，如：想表达关注，可以靠近女孩，与女孩表情"共振"和口头语言；一边听女孩讲话，一边深深地点头说"是吗？"女孩一旦认为自己讲的话被父母接受，就会对说话产生自信。

对于亲子沟通，父母和女孩都有苦衷：有的父母认为现在的女孩思想太复杂，想法太多，与她们沟通太难；有些父母发现自己的知识水平和能力与女孩之间的差距逐渐拉大，彼此越来越没有共同语言，干脆减少与女孩的沟通，每天三两句只说生活起居；有的父母担心与女孩沟通不畅，索性不与女孩正面交锋，以免因冲突而恶化亲子关系。

试想，在这样的心态下，怎么可能把女孩当作一个完整的个人？如何将女孩每天经历的事当作重要的事，去关怀、去陪伴、去了解、去体会？怎么可能去倾听？

◆鼓励女孩说出自己的想法

每个女孩都有自己的想法和建议，如果不说出来，就不会获得他人的理解和认可。父母一定要鼓励女孩说出来，允许她们表达自己的见解。这样，才能使女孩释放自己，坦然地接受失败和错误，并将其转化为成功的动力；同时，也要给女孩展示自己的机会，让女孩在不断地表达中，逐步培养自己的交际能力。

2018 年春节期间，王女士和老公商量着打算带着女儿去爬峨眉山。于是查路线、订旅馆，大家忙的不亦乐乎。王女士很高兴，因为同事早就跟她说过登上金顶的奇幻，俯瞰云雾，仿若置身仙境。尤其是早上看日出，更是令人激情澎湃。为了一饱眼福，她打算买票后，直接坐观光车上去，然后坐缆车上山顶。

可是，王女士突然发现女儿的情绪不太对，她试探性地问女儿有什么想法，女儿说："妈，我想徒步走上去。我刚跟爸爸在网上查了，99 道拐上有猴子，我想看猴子。据说，还能喂猴子食物。"

"太危险了！你没看到吗？有人还说，猴子会伤人，会抢人东西。"王女士立刻制止。

女儿说："我只对猴子感兴趣，我还没见过生活在大山中的猴子呢。"

听到母女两人的对话，老公说："要不这样，咱们就沿着 99 道拐这条路线走。据说，这道拐很难走，咱们也感受一下。遇到

151

了猴子，躲着点就行，尽量不要近距离接触猴子。反正这次假期长，多在山上待几天也行。"

女儿高兴地点点头。

对于一件事，女孩也会做出思考，随着年龄的增长，她们的想法可能会更多。要想了解她们的真实想法，对她们做出及时的引导和帮助，就要鼓励她们说出来。

鼓励女孩说出心里的话，是保证女孩心理健康的方法。女孩经常会在父母面前闹情绪，其实闹情绪就是因为女孩的内心情感没有得到合理宣泄。因此，要鼓励女孩说出心里的想法，一旦她们的情绪得到恰当宣泄，心理也就能保持健康了。

表达能力，是评价女孩知识、修养和能力的重要标尺，父母要鼓励女孩大胆将自己的意见表达出来。尤其是平时不爱表达的女孩，更要给予更多的鼓励和引导，并尊重他们的想法。

同时，在女孩的成长过程中，父母要密切关注女孩的情绪和行为，帮助她们找到合适的宣泄途径，让她们在自由表达的同时，提高语言能力和想象能力。

敢于表达——不要让别人的意见淹没了女孩内心的声音

女孩语言能力的发展要比同龄的男孩早一些，当男孩只能简单言语几句时，女孩已经在大人的面前侃侃而谈了。可是，有些女孩虽然有强烈的说话欲望，但在语言表达能力方面却有些弱，比如，有的女孩会唠唠叨叨地讲一大堆话，却听不出个所以然来；有的女孩虽然很爱讲话，但没有什么文采，不会使用精彩准确的词语。

其实，只要仔细研究便会发现，父母们想要表达的就是一个意思：我的女儿说话能力强，可是语言表达能力差。很多女孩虽然很爱说、很能说，却说不到点子上，让听者无法正确地捕捉到她说话的重点，反而会觉得这个女孩很啰唆，让人觉得她的语言表达能力不如她的说话能力那么强。

晓琉从小就是一个很喜欢说话的小女孩，但她虽然话多，却总是让别人搞不清在说什么。

有一次，晓琉在学校里做了一件好事，受到了表扬，她想回到家就把这件事情告诉妈妈，以便再次得到称赞。于是，一回到家，晓琉就高兴地对妈妈说："妈妈，今天在教室我和小月做游戏，我们玩的是小蜜蜂，后来小燕和小佳也要一起玩，我一开始不同意，后来我又同意了。我们玩着时……"

晓琉讲了半个钟头，妈妈也没搞明白她到底想要表达什么意思，便不耐烦地打断了她的长篇大论，转身做自己的事情去了。后来，妈妈到学校才知道，晓琉在学校捡了一个钱包交给了老师，受到了老师的表扬。

女孩表达能力弱，一方面是和她自身的生理因素、性格因素有关系，一方面也与父母的早期语言训练不到位分不开。父母从小就对女孩进行语言表达能力方面的训练和引导，她们以后不仅能说、会说，还会说得流利、有条理、有文采，相信在不久的将来一定会成为在语言方面非常出色的女孩。

语言是人类最重要的交际工具，幼年时期是女孩语言表达能力的启蒙和高速发展阶段，也是她们好奇心和模仿力最强的时期，所以父母要利用这个关键时期针对女孩的特点、用正确的方法，鼓励她们敢于表达，提高语言表达能力。

只有敢于表达，才能将自己的想法和意见说出来，才能得到大家的认可或否定，才能验证自己想法的正确与否，因此，要想培养有主见的女孩，就要鼓励她们大胆表达，不要畏畏缩缩，更不要人云亦云。

◆鼓励女孩在外人面前讲话

相信很多家长都有这样的体会：家里来了客人，女孩总是躲在角落一言不发，给客人打招呼也是躲躲闪闪……这是一种普遍现象。女孩不敢在外人面前说话，多半都是有原因的：有些女孩之所以会害怕当众说话，逃避与人交往，可能是因为父母性格的影响，父母内向、不善交往的处事方式会对女孩产生极大的影响；有的女孩则是在人际交往中受过伤害，心中留下了恐怖的印象，继而产生了逃避行为；有的女孩有先天缺陷，怕人嘲笑或遭到过嘲笑，也会产生恐惧心理等。作为父母，要想让女孩敢于表达，就要鼓励女孩在外人面前讲话。

　　李琳就是这样一个非常害羞的女孩，以至于害羞的连话都不敢说。后来，妈妈开始鼓励她多说话。

　　李琳很会讲故事，可是每次都是讲给自己听，爸妈一走近，她的故事便会立刻停止，开始满脸通红地低头玩手指，装作什么事都没发生。

　　为了改变这一现状，妈妈绞尽脑汁，给她讲了很多故事，其中有一个就是"怕羞的小黄莺"，讲的是：一只小黄莺很怕羞，虽然歌唱得非常好，但不敢当着大家的面唱歌。后来受到许多朋友的鼓励，开始在大家面前唱，受到了大家的欢迎，鼓掌很热烈，从此它就变得不害羞了……

　　李琳听了这个故事，并在妈妈的鼓励下，勇敢地背了一首儿歌，爸爸和妈妈立刻表扬，为她树立了自信。

　　不仅如此，为了改变李琳害羞的心理，爸爸和妈妈还经常在家里玩角色扮演的游戏，例如，妈妈扮演客人，女孩扮演主人，然后让她学着去招待客人、去说话。

　　通过一段时间的努力，李琳害羞的情况终于得到了好转。一次，班里举行故事比赛，李琳主动参加，刚开始很不自信，妈妈告诉她："别害羞，其实你很棒。"终于，李琳走向了讲台，讲完了一个小故事。

生活中，像李琳一样的女孩有很多。她们不敢表达，不敢说话，不敢上台，担心自己出错而受到他人的批评。可是，只有敢于将自己想说的表达出来，才能让他人了解，才能得到他人的认可。

大多数这类女孩一般都性格内向，胆小敏感，对新环境的适应性很差。突然面对很多人，特别是很多陌生人时，容易产生焦虑不安甚至哭闹等不良反应。在这种情况下，纵容女孩的消极逃避反应，就会加重女孩的这种不良反应刺激，女孩就会知道：一旦人多，立刻哭闹，爸妈就会把我带离这个环境。时间长了，女孩的社会适应性就会越来越差。家长要使用正确的方法与技巧来有效地改善女孩的这个毛病。

◆允许女孩提出不同的意见

禁止女孩自由发表意见，会带来两种后果：其一，把女孩往外面推，让她到外面去寻求一个可以畅所欲言的环境，很容易会成长为一个"问题女孩"；其二，禁止女孩发表自己的意见，导致女孩越来越不爱讲话，越来越没有自信表达。无论哪一种结果，对女孩的成长都是不利的。所以，作为父母，要想让女孩健康成长、自信地表达，就要先听女孩把话说完，允许她申诉或狡辩。要在家里提供一个畅所欲言的环境，帮她们完成独立思考，促进她们沟通表达能力的提升。

小宁爸爸很开明，对女儿比较宽容，教育也比较洒脱，很少对女儿说"不准""不要"。他尊重女儿的个性，欣赏女儿的"淘气"，鼓励女儿说出不同的意见。

一次，爸爸给小宁出了一道带启发性的思考题："一棵树上有三只小鸟，一个顽皮的孩子用弹弓打掉了一只，树上还有几只小鸟？"

小宁想了想，说："三减一等于二，树上应该还有两只。"

妈妈在旁边笑起来，说："小宁，你再好好想想。"

小宁又想了想，执着地说："就是两只嘛。"

　　这时候，爸爸启发她说："有主见，敢于坚持自己的主张，你是好样的。可是，想一想：虽然只打掉了一只，但弹弓一响，其他两只也就吓跑了，所以一只也没有剩下。"

　　这样才结束了争论。

　　随着女孩的渐渐长大，你也许会发现管教女儿时，她们不再像读幼儿园时那样言听计从。她会打断你，申诉自己的理由，甚至找各种借口来狡辩。这时，很多父母都会感到怒从心头起，认为这是女孩在犯犟、藐视自己的权威、推卸责任？其实不是这样的，家长正确的做法是，鼓励女孩大胆提出与自己看法不同的意见，给她们创造一个宽松的成长环境。

　　培养女孩的求异思维、发散思维和逆向思维，鼓励女孩与众不同、标新立异和突发奇想，才能使她们减少自我压抑，敢于张扬自我，平心静气，坦然接受失败和错误，并将其转化成成功的基石，才能为女孩打造健康的心灵，使她们成为一个"抬起头来走路"的自尊自信的人。

多思多想——让女孩养成"自己想办法"的习惯

真正的富养是指教育投资方面的富足，父母要给女孩更多的爱与关注，并且要女孩多思多想，培养女孩独立的品格，不能凡事都替女孩解决，要让女孩养成凡事自己想办法的好习惯。

下面，就让我们看看两位妈妈"富养"女孩的不同做法：

晓春和晓敏是邻居也是好朋友，她们的家境条件都很一般，两人都想让妈妈买自行车去上学。

晓春妈妈一听女儿要买自行车，立刻说自己手头紧张没钱买自行车，可是晓春却摆出一副不依不饶的架势说："我们班里很多同学都买了，我也买，等我长大了还你钱。"晓春妈妈被女儿吵得没辙，平时就比较宠着晓春，只好满足了她的心愿。可半年不到，晓春的车子就弄坏了，又央求着妈妈再买，妈妈又满足她了。之后，晓春无论是要求买漂亮衣服，还是买滑板车，只要手里有钱，妈妈都会满足她。晓春在同龄女孩面前的虚荣心得到了满足，对妈妈也特别亲热，可是她根本不知道妈妈背后付出的辛劳。

晓敏也想妈妈给她买自行车，但晓敏妈妈的反应却与晓春妈妈不同。她对女儿温和地说："骑车上学确实能方便很多！不过，我现在没这么多钱，这个月工资快发了，我再加加班。明天是周末，你到我们车间帮我剪线头，我就能提早回家陪陪你！"晓敏欣然应许。第二天，晓敏看到妈妈在车间里一刻不停地赶工，累得汗流浃背，眼泪不禁夺眶而出。想到妈妈工作的辛苦，她打消了买自行车的念头。妈妈看到女儿这样懂事，发工资的当天就给女儿买了一辆自行车。晓敏对这辆车爱不释手，保护有加。从此之后，再也没有要求妈妈买过奢侈品，还总是劝说妈妈不要太辛苦。

通过这两个事例我们可以看出，晓敏妈妈对女儿实施了精神富养，所以晓敏才会懂得感恩和有主见。她从妈妈身上不仅学到了劳动价值，妈妈的人格魅力也已经影响了她的人格发展。相反，晓春妈妈的出发点是宠爱女孩，可是因为使用了错误的方式导致女儿的人格发展有偏离的迹象，说不定长大之后的晓春会成为一个自私的"拜金女"。

鼓励女孩自己想办法，她们就会积极转动脑筋，运用已有的知识经验来处理问题。经过这样的思考，她们就会形成自己的观点和认识，也会让脑力得到锻炼和发展；最重要的是，一旦有了自己的想法，女孩也就不会跟在他人的屁股后面打转了。

◆让女孩学着自己解决问题

女孩在成长过程中，总会遇到各种各样的问题，要让女孩多思多想，家长就要适当放手，让女孩学着自己去解决生活中遇到的问题。

一天，小果跟妈妈乘坐出租车去幼儿园，下车后发现书包落在了车上，但出租车已经走了。小果非常着急，手足无措，站在路边放声大哭。看到她大哭不止，妈妈也很着急，期待她从哭的情绪中转化到找书包这件事上。路人很好奇地看着她们。

果然，小果看到妈妈着急，渐渐停止了哭喊，仰着哭花的小脸问："妈妈，我书包丢了，你着急什么呀？"

"你不是想把书包哭回来吗？我帮你……"

"哦，可书包是哭不回来的。"

"噢，妈妈错了，我还想帮你把书包快点找回来呢！原来书包不是着急就能回来，那可怎么办？"

小果眨巴眨巴大眼睛，看着妈妈，忽然对妈妈说："妈妈，有办法了，你记得车牌号吗？"

小果已经自己开始想办法了，妈妈适时加以引导："不记得。不过有发票，不知道有没有用。"

妈妈把发票递到她手里，她立刻认真地研究起来。

"妈！这上面有车牌号和电话！妈，赶紧打电话，把书包找回来！"

"可以打电话，但打通电话对方肯定要问书包里的具体情况，书包是你的，我不知道里面放了什么，说不清楚怎么办？"

"那……那我自己打吧！"

妈妈把电话递给小果，她犹豫着接过去，按照车票上的信息开始拨打电话。

小果："阿姨您好，我书包落在车上了，我知道车牌号，您能帮我找回来吗？"

出租公司客服："小朋友，你的家长在不在身边？可以让她们接电话，详细说一下情况。"

小果："不，阿姨，书包是我的，我能说清楚。"

一番沟通后，出租公司的客服终于联系到了那位司机，答应

160

立刻把书包送回来。

"谢谢阿姨！"听到结果，小果很开心地说。

在女孩遇到问题时，家长不要总是站出来替她们解决，完全可以让她们自己去体验、去解决、去总结。家长只要在一边做好正向的引导即可。

工厂中的机器长时间不转会生锈，大脑长时间不运用，也会变得僵化。如果想提高女孩的主见，就要鼓励她们多思、多想。想办法的过程，就是一个独立思考的过程。经过不停地思维碰撞，就会找到一些方法，经过比较，就能选出最佳的方法了。这样，想一想，比一比，选一选，整个思考过程也就完成了。

◆多思多想，要从培养女孩独立开始

对于女孩来说，生活自理能力并不是什么无足轻重的小事，不仅关系到女孩生活是否舒适，也关系到她们有没有自信心。生活能力强的女孩，很多事情都会做，许多事情都难不住她，自信心也会很强。而缺乏生活自理能力、事事不会做、处处有困难的女孩，不仅生活上会遭受许多磨难，还会逐步滋生出自卑心理，以致在学习和工作中也觉得自己处处不如人。家长在教育女孩时，一定要让女孩改变依赖的坏毛病，培养女孩独立的能力。

朋友的女儿令人羡慕，说到自己培养女孩的秘诀时，朋友一语道破：

女儿13岁，她会古筝，自己能作曲，会吹长笛；洗衣、做饭、收拾家务，样样精通，是个自理的小能手。早上我们还没起床，她已经帮忙热好了牛奶；晚上我和丈夫拖着疲惫的身体下班后，她已经为我们做好了晚饭。虽然只是简单的西红柿炒蛋、青椒木耳等家常菜，女儿却做得色香味俱全。她爸也经常夸她做的家常菜比我做的还好吃。

大家都羡慕我女儿的优秀，殊不知，我这个妈妈当初是多么"狠心"。当时的"心狠手辣"不知道遭到了我婆婆多少白眼，说我不会心疼女儿。

从上幼儿园开始，我就规定她自己的袜子自己洗；从4岁开始，她就负责倒垃圾，每天上学前，都是提着一袋垃圾下去；5岁时，每周都会和我一起做大扫除；10岁时她就开始自己上下学了，一个人背着大书包，奔走于学校和家之间，周末还要去上辅导班。

女儿也想让我接送她，可我总是告诉她我没有时间。为了让女儿能够独立，我曾经下了"狠心"。有几天我故意不做饭，看女儿怎么办。看她眼巴巴坐在餐桌前，等着饭吃，我当时真有点儿不忍心，但我还是忍了，直到她主动跟我说："妈妈，你教我做饭吧！"我立即就拿起了勺子。

女孩思考和想象的过程，也是一个独立解决问题的过程。为了帮助她们进行思考，就要鼓励她们独立做事、不依赖别人，尤其是父母。

父母对女孩真正的爱，是舍得，而不是过度溺爱和怜惜。只知怜惜，不舍得使用，是当今父母爱的误区。舍得是一种教育智慧，今日的舍，为的是明天的得。女孩的成长是痛苦的，可是这些经历别人并不能替代，就像吃饭喝水一样，父母必须要狠下心来，舍得让女孩去经历，切记：越早成长对女孩越有好处。

坚持自己——坚持主见，不要人云亦云

中国传统的教女理念就是："未嫁从父，既嫁从夫，夫死从子。"意思是说女孩要乖顺、听话，但这并不妨碍女孩要有自主意识。缺乏主见，不仅不能很好地安排自己的学习和生活，还会慢慢地失去自己的判断力和思考力；当她们长大后，遇到的问题更是层出不穷，比如：上什么大学、学习什么专业、找个什么样的男友、毕业后做什么工作等，她们会站在一个又一个十字路口，根本不知道自己应该选择哪一个方向，而是统统需要父母帮她做选择。如此没有主见，女孩的成长就是失败的。

晓君今年上五年级了，虽然学习成绩很好，可是她对任何事情都没有自己的看法。凡事都要妈妈帮她选择，比如：穿什么上衣、选择什么颜色的裤子等，在学校还总让老师帮她选择自己要不要参加活动。有时候，她看见同学穿什么衣服，也不管自己适不适合，就一定要妈妈买。

学校春游、秋游，母女俩去超市购物，问她想买什么东西，晓君总是选来选去拿不定主意；暑期带晓君旅行，让她自己准备行装，什么带什么不带，她也是犹豫不决，总要折腾半天；和同

学在一起，她也都是跟屁虫，同学说什么，她从来不会提出什么反对意见。

对于女儿没有主见，一开始父母也不以为意。因为总觉得晓君还小，除了学习上给她充分的自主权外，生活方面，父母尽量为她做好安排。父母一直认为，等女儿大了，一些主意再由她自己拿也不迟。

可是，最近晓君的父母开始为女儿的这种犹豫不决、优柔寡断的性格担心起来。

只做一个人云亦云的小鹦鹉，将来走入社会，女孩不是被动地等待别人帮自己做决定，就是被他人轻视，失去了与他人竞争的能力，所以，家长要从小培养自己女儿的自主意识，让她变成一个有主见、有魅力的孩子。

如今的现实情况是：问她买什么衣服，她会说"不知道"；问她想吃什么，她会说"你说吧"；问她想去哪儿，她会说"你们决定"；问她想听什么，她会说"随便"……当这样的语言频频从女孩口中出来的时候，父母就要引起重视了。不是女孩懒得回答，而是她们已经习惯了跟着大人的思路走。

女孩乖巧可爱和有主见并不违背，反而会显现出另一种独特的美感。有主见的女孩会保持清醒的头脑，不会跟在他人后面人云亦云；她们有着自己的思考和判断力，而这些会在她成长的过程中为其省去很多烦恼。

◆给女孩自己做主的机会

女孩坚持自己的意见，就是一个坚持自己想法的过程，更倾向于为自己做主。不敢为自己做主的女孩，即使心里有想法，也不会说出来。因此，在家长鼓励女孩坚持己见的时候，不要忘了给她们提供自己做主的机会。

有一天，妈妈带着茹茹来到家具广场，要让 8 岁的茹茹自己挑选家具。

一走进家具商城，妈妈就和茹茹商量说："宝贝女儿，你喜欢什么颜色的书桌？"

茹茹想了一下，大声地回答说："粉色的。"

妈妈又问她："那你喜欢什么样式的沙发呢？"

茹茹摇了摇头说："我也不知道。"

妈妈笑了一下，带着女儿来到了专门卖沙发的地方，每看见一种样式的沙发都会问问女儿的意见，并且暗示每种沙发的优缺点，让女儿在心中自己做个评估；确定买什么样的沙发后，妈妈还称赞女儿是一个非常棒的军师。

家里重新摆上家具，茹茹看着自己和妈妈一同挑选的家具，感到妈妈对自己特别重视，备受鼓舞，在任何场合都敢表达自己的意见了。现在她不仅成了班里的文娱委员，做任何事情都有模有样，像个小大人一样。

案例中，为了培养女儿有主见，茹茹妈妈带着女儿一起去购买沙发，让女儿自己选。这种方法值得借鉴。

女孩做事缺乏主见，很大程度上是与父母缺乏和她的沟通、做事武断、不注意尊重她的要求有关。家长应该给予女孩充分表达自己愿望的机会，给她独立思考和参与的机会。

首先，要让女孩衣食自主。现在，很多父母总会主观决定让女孩吃什么不吃什么，从不过问她们的意见。其实，在不影响女孩饮食均衡的前提下，可以让女孩自己来选择。女孩如果在穿衣打扮的审美观上没有成人的那种鉴赏力，父母千万不要把自己认为不错的衣服强行给女孩穿上，除非她也和你一样喜欢那件衣服。当然，父母最好把穿衣的选择权交还到女孩手上，让她自己来决定。

其次，女孩的玩乐也要让她自己做主。如果你想让自己的女儿成为一个有主见的人，就不要替她决定买什么玩具或游戏该怎么做，要放开手让她自己去做决定，最大限度地满足她的自主意识。

◆**不要让女孩在"比较"中迷失主见**

生活中，父母产生问题或者矛盾时，总愿意让女孩成为自己这一方的盟友；有些父母总爱问女孩更爱谁……其实这些做法都会让女孩不知所措，因为她不想因为自己的抉择伤害任何一方，于是很多时候，即使她的心中更偏向妈妈一点，也会违心地保持中立。长此以往，这种爱的比较在女孩心中的影响就会伸延到生活中的方方面面，为了能够得到更多人的喜爱，她不得不人云亦云，违心地表达自己的想法。

有一天，妈妈做好了晚饭。谁知在饭桌上爸爸刚吃一口菜，就皱紧眉头说："今天这菜太咸了。"

妈妈心情本来就有些不好，赌气地说："这菜哪儿咸了，我吃着正好。"

爸爸又说："你还不承认，这菜本来就做咸了。"于是，两人争论了起来，气氛突然有些紧张。

这时，爸爸看着女儿小容说："乖女儿，你说这菜咸不咸？"

小容看了一眼急切等待答案的爸爸，又看了一眼注视着自己的妈妈，不知怎样回答才能让两个人都满意。其实今天妈妈的菜确实有些咸，可是为了不想妈妈脸色难看，小容低着头小声地说："我觉得正好，不咸不淡！"

爸爸一听这个答案，失望地说："你这个孩子，怎么一点儿自己的主见都没有！"小容一听，小脸立刻红了起来，羞愧极了，再也不想待在饭桌上，匆匆扒了两口饭就跑回自己的房间了。

不管做任何事情，女孩都比男孩想得多，如果父母让她做出选择时，她们总会犹豫不决，拿不定主意；在现实的逼迫下强行选择一个答案，只会让女孩变得越来越没有主见，失去对事物最真实的判断力，到最后她们的生活只能有意无意地被别人影响或者操纵。为了避免这种情况的发生，家长要适时选择正确的方式加以引导和化解。

第九章

乐观：乐观的女孩心情更愉快，生活更光明

少些控制——管控太严，女孩找不到自由和快乐

父母能够给予女孩的除了健康的身体，还有一生的快乐以及女孩脸上的笑容。而所有的这一切，不仅需要轻松愉悦的氛围，还要依赖于女孩自己的乐观。因为只有乐观的女孩才能找到快乐的钥匙，才容易获得大家的好感和亲近感，更能展示自己的魅力，才更能抓紧身边的幸福。将女孩管教得太严，她们什么事情都不敢做，就会少了一些心灵的自由。

月月自尊心很强，每次面对父母，都觉得有些抬不起头来。父母都毕业于名牌大学，对她的学习要求一直都很高；只要她考试成绩不好，父母总会唉声叹气地说她。月月总觉得，自己周围都是悲观的情绪，自己无论怎么努力，父母都不会给她展露笑容。

父母对月月要求很严，一心想把她培养成小淑女，给她报了美术、钢琴辅导班，可是月月却喜欢运动，尤其是喜欢打篮球。她还是学校篮球队的主力队员，曾代表学校参加过很多比赛。月月想考体校，但妈妈不同意。

上了初三后，为了不影响学习，别说考体校了，甚至是篮

球，妈妈都不让月月碰。月月极力辩解："我最喜欢打篮球，想考体校，你们不要剥夺我唯一的权利。"妈妈没有听进去，反而安慰她说："我们也是为你好，你要体谅一下父母的心情。"看到月月不领情，爸爸呵斥月月，还规定：放学必须按时回家，不能在学校逗留。

月月泪水四溢，关上房门，晚饭也没吃，无论爸爸妈妈怎样敲门，她都不开。从此，一向乐观开朗的月月变沉默了，不与人交往，对父母也是爱理不理，成绩也直线下滑，最终连普通高中都没考上。

自由，是每个女孩都向往的，可是为了女孩的健康成长，父母都会给她们制定一定的规矩，约束她们的言谈举止。可是，管得太多，会束缚了女孩的思想，即使是开朗的女孩，也容易变得内向。因此，要想让女孩乐观起来，就要给她们自由的时间和空间。

有人说过这样一句话："强迫工作违反心理学原则，一切有成效的活动都要以某种兴趣为先决条件。"兴趣是女孩最好的老师，父母千万不要管教她们太过于严格，要给她们一定的自由，不能一厢情愿地安排。父母要尊重女孩的个人爱好，不要随便干涉她们。

如果女孩喜欢热闹、爱交际，就让她们多参加一些集体活动；如果女孩喜欢音乐、舞蹈，就要遵从她们的意愿给予相应的培养；如果女孩喜欢画画，就她们到大自然中感受大自然的魅力，激发其创作灵感。

◆别给女孩太大的学习压力

学习是十分清苦的，在要求女孩学习好的同时，还应当帮助她们消除紧张的学习情绪，不要总让女孩整天想着学习。她们还是孩子，玩是她们的天性。在学习之余，可以让女孩畅快地玩一两天，放松一下紧张的大脑。

压力太大会给女孩的一生带来阴影，还会让她们在人格上出现缺陷。所以，不要给女孩太大的压力。

> 筱雨正在读六年级，还有几个月就要升初中了。这些天，筱雨感受到了无形的压力，让她有些透不过气来。自从开学以来，爸爸妈妈和爷爷奶奶都对她特别好，虽然没有说让她"好好复习，争取考出理想的成绩"之类的话，可是，他们的做法却让筱雨感受到了窒息。
>
> 下午只要一放学回到家，妈妈和奶奶就会迎上来，妈妈拿毛巾给筱雨洗脸擦汗，奶奶拿着饮料或者冷饮，让筱雨先享受一番。为了给筱雨提供足够的营养，每餐都多做两道菜；此外，妈妈还照着菜谱，给筱雨多加了一道"状元菜"，比如"名列前茅""金榜题名"等。晚上，筱雨在房间写作业、复习，平时不做家务的爸爸则会精心制作夜宵，让筱雨充饥。
>
> 家人将筱雨照顾得无微不至，她也能感受到父母对她的期待，总是告诉自己"只有考出好成绩才能报答她们"。在这种想法的支配下，筱雨的心理压力越来越大。

对女孩来说，尤其是面临着升学压力的女孩，父母应该心态平和，按照以往的方式照顾她们的生活起居，给她们过度的照顾和关心，只会给女孩造成过重的心理负担。案例中，爸爸妈妈和爷爷奶奶如果能坦然面对筱雨的升学，不给予过于无微不至的照顾，多跟筱雨谈谈心、聊聊天，反而更容易帮筱雨排解心理压力。

压力伴随着人的一生，女孩在一生中也会面对各种各样的压力。女孩在幼儿园时期，压力主要来自父母的限制与干涉：她想尽情地玩，可是父母总是为她报兴趣班；上了小学后，面临学业压力，父母的期望与枯燥的学习生活则是压力的主要原因；进入社会后，女孩还会面临就业、交往、家庭等更多的压力。

严格管教是一把双刃剑，父母应该辩证地看待。适度的管教可以激发女孩的内在动力，让女孩积极进取，改变懒散的状态；一旦过度，就会让女孩产生窒息感，对她们的成长不利。

◆**不要拿女孩做比较，否则就会伤自尊**

很多家长喜欢在不知不觉中和别人做比较，总不想让自己的女儿落后于其他孩子。这种不根据女孩的实际情况而盲目攀比的行为，只能是害了女孩。

小莲妈妈总喜欢拿小莲和别人比较，总说小莲不如其他孩子漂亮，不如其他同学会说话……小莲感到很郁闷。一说起女儿的学习，小莲妈妈就特别激动："我们做父母的舍不得吃、舍不得穿，只想让你好好读书，可你就是不争气。你表妹才比你小一岁，学习从来就没让你大姨操过心！我横看竖看，你都不比别人差，别人行，你为什么不行呢？"

一天，小莲拿着自己的成绩单，兴冲冲地跑到家里。一进门就说："妈妈，我这次考了第三，比上次进步了好多！"

妈妈听了，脸上也露出了笑容，不过很快又说："我知道了，你们老师已经在微信群中公布成绩了。我看了看，虽然你比以前进步了，但跟第一名比起来还差很多，超过前面的才算本事。"听了妈妈的话，小莲的兴奋劲儿荡然无存。

之后，小莲变得越来越内向，觉得自己不如别人，经常把自己一个人关在家里，感到深深的自卑。

不要觉得自己的女儿很"笨"，这种表象可能仅仅是因为你喜欢拿她的弱项和其他孩子的强项比较的结果，只看到女孩的弱项，而忽视了她们的强项。其实家长一旦发现了她们的强项，她们就会变成这方面的优等生。因此，永远不要拿自己的女儿和其他孩子做比较，要多挖掘女孩的可爱之处。

多交朋友——乐观的女孩朋友多

罗兰曾说过："开朗的性格不仅可以使自己保持心情的愉快，还能够感染周围的人，使他们也觉得人生充满了和谐与光明。"乐观与消极是一个矛盾共同体，此消彼长，有什么样的性格就有什么样的人生！在生活中，不善交际的女孩大多性格抑郁，她们只能遭受孤独的煎熬，享受不到友情的温暖。为了鼓励女孩乐观起来，就要让她们多交朋友，尤其是同龄孩子。

莎莎已经8岁了，上小学二年级。这天，老师给郭女士打电话说，莎莎性格孤僻，不喜欢跟其他孩子玩，课间总是一个人坐在课桌前，或者发呆，或者做自己的事情。同学找她玩时，她总是摇头拒绝。

莎莎放学回家，郭女士问她："你在学校开心吗？"

"不开心。"

"没有好朋友吗？"

"没有，我不喜欢和她们一起玩。"

"为什么？"

"没有原因，反正就是不喜欢。"

简单地沟通后，莎莎就去写作业了。

晚上，郭女士陷入了沉思，她突然意识到，女儿之所以会成为这样，原因都在她。莎莎小时候，郭女士总是将她放在家中，站在床边看着窗外的小朋友追逐嬉戏、玩耍打闹。莎莎央求妈妈带她出去玩，可是当医生的郭女士总觉得外面太多细菌，怕女儿生病，就一再拒绝。

郭女士给莎莎买了很多布偶玩具、智能玩具、拼图……时间长了，莎莎就不再提出去玩的要求了。郭女士以为莎莎长大了，丝毫没有认识到女儿的心理已经发生了改变。幼儿园时，郭女士就发现了端倪，可是依然相信等女儿稍微大一点会有所改变。

郭女士真是一位糊涂的妈妈！女孩长到三四岁时，已经会走、会说，过于疼爱女孩，担心女孩到外面会出危险，一直不让她们和外界的人事接触，女孩就会出现种种怪病：有的整天抱着布娃娃、枕头、毛巾等物品，自言自语，一旦离开了这些东西，便情绪反常；有的虽然会说会笑，但目光呆痴，性格孤僻，智力发展缓慢。

孩子和大人一样，也有社会交际的心理要求，当女孩长到三四岁时，这种愿望会逐渐强烈起来，渴望有自己的伙伴。处在孤独的状况下，女孩与人交往的愿望不能实现，就会把象征性的物体充当伙伴，感受与同龄伙伴相处的乐趣，但这种习惯是不健康的。

父母要理解女孩的这一心理发展特点，因势利导，给她们创造条件，让她们和邻居、朋友家的孩子多接触。同时，要让女孩学会交朋友。人是群居动物，总要和周围的人打交道，培养女孩的社交能力，就要从小抓起。

◆教给女孩基本的交往技能

事实证明，许多女孩之所以无法与他人正常交往，是因为她们没有学会基本的人际交往技能，无法以正常的方式和别人交往。要想让女孩多结交朋友，就要教会女孩与人交往的技能。

　　嘉宝今年6岁，由于父母工作调动，她转到一家新幼儿园。面对新的环境和人群，嘉宝不爱说话，也不知道怎么样跟他人交朋友。妈妈很快就意识到这一问题，一天接女儿回家后，问："宝宝，你在新幼儿园交到好朋友了吗？"
　　"没有！"嘉宝小脸一沉。
　　妈妈知道女儿平时就有些内向，不喜欢主动跟人交往，便慢慢引导她说："幼儿园的小朋友一定很想和你成为朋友，你也很想和他们成为朋友，对不对？"
　　嘉宝点点头。妈妈接着说："你明天可以拿着自己的洋娃娃跟小朋友一起玩，还可以和他们交换着玩玩具。"
　　第二天嘉宝按照妈妈的提议，跟另一个小朋友交换着玩玩具，很快就成了好朋友。

　　案例中，嘉宝妈妈采用了交往中最重要的交往技巧——分享。学会与人分享，不仅可以拥有朋友、融入集体，也能渐渐学会怎样在交往中与他人合作，这也是取得成功的重要基石。
　　当然，为了帮助女孩成为受同伴欢迎的人，家长应有意识地教给女孩一些交往的技能。
　　礼貌待人。父母应让女孩在交往中学会使用礼貌用语，比如："请""谢谢""对不起"等，告诉女孩只有懂得礼貌的人，别人才愿意和他一起玩耍。
　　容忍合作。在交往中，遇到与自己意愿相悖的事，要让女孩学会忍让，与同伴友好合作，暂时克制自己的愿望，服从多数人的意见。

遵守规则。交往时，要让女孩遵守规则。因为，只有自觉遵守集体规则，才能得到大家的喜爱，才会被更多的朋友接受。

乐于助人。在交往中遇到困难，不仅要鼓励女孩自己想办法解决，还应支持女孩帮助其他人克服困难。

◆给女孩创造交往的机会

美国心理学家卡耐基认为："成功等于30%的才能加上70%的人际关系。"交往能力的重要性由此可见一斑。新世纪对新一代有更高的要求，她们不仅要有高智商的头脑、健康的身心，更要有适应现代化社会发展所需要的交往能力。家长要想让女孩乐观起来，就要给她们创造更多的交往机会。

"妈，星期天我的同学想来咱家，好吗？"女孩对妈妈说，"我们要一起做个小实验。"

"做什么实验？"妈妈问女孩。

"用纸杯装水，放在燃烧的蜡烛上，观察杯中的水能不能烧热。"女孩认真地说。

"好"，妈妈说，"中午给你做好吃的，让她们都来吧。"

听了妈妈的话，女孩一蹦三尺高。看到女孩高兴的样子，妈妈也从心底里高兴。因为女孩终于学会了交朋友，而且朋友越来越多，人也越来越开朗。

小时候，女孩性格有些内向，平时除了上学，大部分时间都一个人待在家里。为了帮助女孩，妈妈便为她提供了一个与人交往的机会。

周六，妈妈会邀请朋友来他们家做客，还鼓励女孩好好招待他们。最初，女孩也担心自己做不好。但妈妈会鼓励她。所以，当朋友登门时，女孩虽然有些不好意思，但还是为客人倒水、拿水果。

渐渐地，女孩越来越喜欢和小朋友一起玩了，如今在他们班里，人缘更是好得不得了。

如今的家庭，多数都是一个孩子，女孩想和同班同学在一起，家长要支持，要有意识地给女孩多创造与人沟通的机会，同时多鼓励她们大胆尝试。其实，在女孩小时，就可以让她们做一些与外界接触的事情，比如，到邻居家借东西、送东西，就会与邻居打交道。最开始时，很多女孩都存在一定的交往障碍，父母要加以引导。

简单生活——减少奢华，简单的生活更快乐

简单的就是最好的！最好的教育就是给女孩一个快乐的童年，让她们简单地生活，顺应天性，做自己。

15岁的佳雪在一所寄宿贵族学校读书，不了解真实情况的人，可能会觉得衣着得体的佳雪家里一定很有钱，可是只有她知道，自己家根本就没法跟其他同学相比。佳雪家有房有车，但房子是郊区的筒子楼，车是爸爸工作的出租车。可是，爸爸妈妈一直认为"女孩要富着养"，于是省吃俭用，把佳雪送进了贵族学校，一年的学费多达十万。

佳雪本来就为自己贫穷的身份感到有些自卑，父母还一个劲儿地对她念叨"贫穷很可怕，只有过上富人的生活，才能被人瞧得起"，为了使别人觉得自己看起来像个有钱人家的女孩，佳雪拼命地在衣着上打扮。可是，由于家里的经济条件有限，父母每个月给她的零用钱，还不够有钱的同学去饭店吃一顿。

佳雪的自卑感越来越强，脾气越来越大，对父母的不满与日俱增。一次，爸爸周末接她回家，佳雪正在开心地和同学有说有笑，

一眼看到宝马、奔驰旁的夏利出租车，脸色立马难看起来。待同学们都离开之后，佳雪不满地对爸爸说："以后，不要用这部破车来接我了，你不嫌丢人，我还嫌丢人呢！"

没想到自己辛辛苦苦供女儿上贵族学校，竟然被女儿说"丢人"，爸爸很生气，打了佳雪一巴掌，悲愤的佳雪大哭着跑开。

习惯了养尊处优和众星捧月的女孩，怎么受得了父亲一巴掌的委屈？看到这里，可能有人会说，这一切都是"富养"惹的祸。事实，佳雪的父母并不是在富养女孩，因为他们并没有充实女孩的内心，没有让女孩精神上得到富足，只是在穷养女孩，让女孩认为"金钱决定一切""贫穷会被人看不起"。处在敏感、迷茫的情状，这种"金钱至上"的观念只会让女孩对物质产生盲目崇拜，对人生的真正意义产生误解。

很多父母都称自己的女孩为"千金""小公主"，这些称谓看起来都和金钱、物质有着密切的关系，养育同样也需要用丰厚的金钱物质做后盾。那是不是说，穷人家的女孩就成不了"千金""公主"，父母也"富养"不起她们？

其实，要回答这个问题一点儿都不难，首先要理解"富养"的真正含义。这里的"富养"，并不是物质上的富足，不需要将大把大把的金钱用来养育女孩，而是指精神上的富足。当然，金钱、物质也是养育女孩必不可少的，可以为女孩提供更优越的环境和学习条件，但掌握不好尺度，也会毁了女孩的一生。

◆ **给女孩简单的爱**

现实生活中没有不爱孩子的父母，可是会教育孩子的父母却不多。父母应该明白，把女孩当作"小公主"养，对女孩、对自己都是一种伤害，虽然问题出现在女孩身上，可是原因却在父母身上。娇养不同于娇生惯养：

娇养是给女孩真正而理智的爱；而娇生惯养则是一种溺爱，对女孩来说，是一种毒品，尽管看起来十分香甜，却像毒品一样，会对女孩的成长产生负面影响。最好的爱，是简单的！

张先生是一家顶级饭店的总负责人，家庭条件非常好。他有两个女儿，大女儿上小学四年级，小女儿上小学二年级。但张先生从来都不让女儿耽于物质享受，在金钱上严格控制她们。

比起同龄人，两个女儿拥有的东西要丰富得多。很多玩具、洋娃娃等，都是国外最新出的，可是张先生会控制她们玩的时间，并且告诉两个女儿："你现在拥有玩具、衣服，都是爸爸妈妈辛苦赚钱购买的，并这不代表你以后就会拥有这些，将来要凭借能力来赚钱养活自己，购买自己想要的东西。"

平时，只要女儿提出的要求合理，张先生都会满足；他还给她们每人开办了一个银行户头，让女孩自觉地拿一部分钱存进去，另一部分买自己喜爱的东西，对于这些张先生和妻子都不干涉。如果女儿提出了不合理的要求，张先生会在了解她是否需要的情况下，选择满足或拒绝。

对于两个女孩的特长，张先生采取的是顺其自然的方法。张先生送她们学过绘画、钢琴。可是大女孩没兴趣学，却对舞蹈比较有兴趣，张先生就让她学舞蹈，偶尔去学跆拳道和滑旱冰……

娇生惯养，会像洪水猛兽一样吞噬女孩的意志力、抗挫折力、勤劳节俭和温厚孝顺的美德，会严重影响女孩的成长。教育家克鲁普斯卡姬曾经说过："父母仅仅简单地给女孩爱是不够的，还要学会如何爱她们。"家长一定要学会科学地养育女孩，做到爱之深而不溺，爱之热烈而理智。

家庭教育，没有爱不行，盲目地爱更不行，只有给女孩简单的爱，才能让她们更好地成长。

◆给女孩一个温馨的生活氛围

"富养"的真正内涵，就是给女孩营造一个更加富足的精神世界，让她在温馨的家庭氛围下，勇往直前地朝着成功和幸福迈进。

> 绒绒还没出生前，爸爸妈妈就做了充分准备。他们阅读了很多家教书籍，深知家庭环境对孩子的影响力。所以，在女儿出生后，他们就从三大方面进行努力，为小公主创造一个和谐、温馨、安稳的"大后方"。
>
> 首先，创设了一个良好的家庭物质环境，比如，单独给女儿留有活动空间，家庭装潢、环境布置与陈设等都有利于女儿的活动。同时，他们还为女儿在社区内创设了一方空间，让绒绒跟小区里的其他孩子交往。
>
> 其次，为女儿创设了和谐的心理环境，夫妻俩从来都没有当着绒绒的面争吵或冷战，跟女儿的沟通，都是以民主、自由、尊重、理解等为基础，不独断专行。
>
> 最后，为了帮助女儿扩大视野、培养其探索的兴趣和习惯，他们为女儿打造了一个更加丰富多彩的家庭生活。比如，周末带女儿投身大自然，或者去公园、动物园、博物馆、科学展览馆等开阔眼界。

在这种环境下长大的绒绒，不仅聪明伶俐、知识广博，而且自信乐观，对生活保持着积极向上的朝气。

　　对于更依赖家庭、依赖父母的女孩来说，家庭氛围对她们的影响是巨大的。父母不能为她们营造一种快乐和睦的家庭氛围，会让她们受到伤害。因此，父母应该努力为她们营造一个温馨甜蜜的家庭氛围，让她们幸福快乐地成长。

心情良好——有了不良情绪，就将它发泄出去

人是感情动物，遇到不顺心的事情，就容易出现情绪波动，此时控制情绪尤其困难。大人尚且如此，更何况心智发育不全的女孩。研究表明，跟男孩比起来，女孩具有更强的情绪感知力，情感更丰富，情绪更敏感、更善变。心情不好，女孩也不可能乐观。因此，要想让女孩乐观一点，一旦发现她们生出了不良情绪，就要引导她们宣泄出去。

韵雯是个多愁善感的小女孩，一次，她不小心把姑姑送给她的手表弄丢了，她非常伤心，连续几天都无精打采，看谁都有点儿不顺眼，总是乱发脾气，结果没几天就病倒了。

姑姑来看望韵雯，得知她生病的原因后，拉着韵雯的手，亲切地对她说："傻丫头，如果你损失了一百元钱，那你还会损失两百元吗？"

韵雯有气无力地说："当然不会。"她不解地看着姑姑，不明白姑姑为什么会问她这个问题。

姑姑心疼地说："这就对了。你看，你只丢失了一块手表，可是一连好几天都不开心，结果卧病在床。你丢的不仅仅是手表，

还有快乐的心情和健康的身体。"

听了姑姑的话，韵雯顿时明白了：面对无法挽回的局面，需要调整情绪、积极面对，不能让消极的情绪左右自己。于是，韵雯不再为丢失的手表伤心了，她调整情绪，心情一天天好起来。

对于女孩来说，学会管理情绪，调整心态，是非常重要的。案例中，韵雯因为弄丢了心爱的手表而情绪不佳、乱发脾气，姑姑循循善诱，耐心引导，终于让韵雯明白了：应该学会调整自己的情绪，赶走不良情绪，积极乐观地面对生活。

面对同样的事情，心态不同，产生的结果也会大相径庭。在日常生活中，家长要让女孩学会调控自己的情绪，学会管理自己的情绪，如此面对生活中的不愉快，她们就能换一个角度看问题，乐观地面对，而不是用哭闹或发脾气的方式发泄，任由情绪失控。

只有控制情绪，才能摒弃不良情绪的影响，拥有积极的情绪；只有具备积极的情绪，她们才能快乐学习，学到更多知识，更好地展现自我。事实证明，善于控制情绪的女孩往往比其他孩子更自信，在学校也会表现得更出色，走上社会也会更优秀。

◆ 用有效的沟通走进女孩的内心世界

沟通是连接父母与女孩心与心之间的桥梁，沟通并不难，关键在于父母有没有持之以恒的心，能否找到最适合亲子沟通的方式。只有与女孩保持有效的沟通，走进她们的内心世界，她们的内心才会少一些郁闷，多一些轻松和快乐。

小霖今年14岁，整天挂在嘴边的不是"郁闷"就是"烦死了"，王女士问她为什么，她总是说："反正你和我爸都不了解我！"

　　王女士知道，自己的女儿非常敏感、内向。为了不让这种性格对女儿造成不良影响，王女士便试着和她沟通，可是她却无法走进女儿的内心世界。王女士没有轻言放弃，一直在寻找与女儿沟通的最好方法。

　　一天，同事送给王女士两张《当幸福来敲门》的电影票，她便带女儿一起去看。小霖被影片中的父子亲情和父亲的不懈努力深深打动，回家的路上，话比往常多了很多，她问王女士："妈妈，电影里为什么那位爸爸最后会获得工作呢？有些人看起来各方面都比他强多了！"

　　王女士看着女儿有些迷茫的眼神，说："影片中，为了给儿子一个家，那位爸爸必须获得那份工作，尽管他经验不足，也没别人懂得多，可是他有一颗不服输的心，有一个坚定的目标，会为了这个目标而努力。儿子虽然生活落魄，可是父子俩始终都没有放弃彼此间的爱和奋斗。我和你爸也是这样爱着你，为了你，我们也愿意去做任何事。"

　　听了王女士的话，小霖动情地拉着她的手说："妈妈，我知道！我也爱你和爸爸！"

　　这是女儿第一次说"爱"，王女士非常感动和欣慰。从那之后，女儿跟她说的话明显多了起来。不仅会把学校里发生的趣事告诉她，还会把自己的小秘密告诉她。自从小霖话多了之后，嘴里的"真没劲"和"没意思"明显少了很多。

案例中，为了缓解女儿的烦闷情绪，王女士带着女儿去看电影。通过电影情节的分析，让女儿认识到了大人的辛苦和不易，抑郁的情绪一扫而光。

每个女孩都会遇到心情不好的时候，而沟通就是一种合理有效的宣泄方式。让女孩将心中的想法统统说出来，她们的内心就会空出很多，不良情绪就会得到及时的宣泄。因此，如果发现女孩心情不好或满面愁云的时候，家长就要跟她们多沟通交流一下，找到问题的症结，加以解决。

◆ 引导女孩发泄愤怒情绪

高情商对一个人取得成功具有重要影响，在某种情况下，其作用甚至会超过智商。拥有高情商的人，不仅人际关系良好，还善于控制自己的情绪。想要培养女孩的高情商，一定要让她们学会控制自己的情绪。尤其是当女孩产生不良情绪时，一定要及时引导她们发泄出去。

一天，小彤放学回家后，跟妈妈打了个招呼，将书包往沙发上一放，就进屋了。要知道，以前的她可不是这个样子，以前的她，回到家中总是开心得不得了，还会跟妈妈说学校里发生的事情：学习上的、同学之间的……

妈妈走进小彤的卧室，她正趴在床上，身体不停地抽搐。妈妈知道她哭了，但又担心妈妈听到，一直在极力压制着。妈妈坐在床边，拍了拍她的肩膀。

小彤爬起来，红着眼睛，强忍着眼泪，一句话也不说。看着她的样子，妈妈有些不忍心，说："如果觉得难过，就哭出来，要是不想让我看到，我就出去，你自己待一会儿。"

小彤点点头，妈妈起身，轻轻地把门关好，在客厅继续做自己的事情。

过了好久，小彤才出来，看着她的样子，妈妈知道那些不良情绪已经没有了。

小彤坐在妈妈身边，说："妈，我今天真是太生气了，我好心好意给同学帮忙，同学却不领情。老师不了解情况，还批评我。我跟她解释，可是老师不听，我简直要气炸了！"

"现在呢？"

"已经好多了。"

"那就好，让不好的情绪都见鬼去吧！"

……

不良情绪，不仅会影响女孩的心情，还会妨碍她们做事或学习，更有碍于乐观心态的形成。因此，要想让女孩的心情轻松起来、乐观起来，就要引导她们合理地将自己的不良情绪宣泄掉。

第十章

爱心：心中怀有爱心，即使濒临绝境也能重获希望

互帮互助——同学之间，就要互相帮助

爱心是女孩热情的性格，是女孩关心他人的态度，是女孩体谅别人的心情。乐于助人的女孩，能够站在别人的角度与位置考虑问题，能够感受到别人的快乐和幸福，能够觉察到别人的痛苦和烦恼。把女孩培养成乐于助人的人，就能让她们的人格更加健全，使她受益终生。

在小雨出生前，爸爸就对独生子女政策非常关注。他认为，如今很多家庭都只有一个孩子，孩子长大后必然会成为没有兄弟姐妹的"新人类"，为了让小雨适应社会，就不能娇生惯养。于是，爸爸便按照自己的方式培养小雨，教她做一个充满爱心的人。

平时，爸爸经常给小雨讲故事，鼓励她向孙中山等伟人学习，不能只为自己活着，要以天下为己任。为了激励小雨，爸爸还送给她两块徽章，一块是"博爱"，一块是"天下为公"，这两块徽章现在小雨还保存着。

爸爸还非常重视培养小雨的爱心。小雨是个乐于助人的女孩，平时只要有同学请假，她就会到同学家帮他补课……凭着爱心，小雨打动了很多人，交了很多朋友。

不可否认，小雨爸爸的教育方法对小雨的成长具有至关重要的作用。

爱是一种发自内心的情感，女孩最初是从父母身上感受到爱，并付出爱心的。要培养女孩的爱心，就要在她们小时候就着手，引导她们学会关心别人、帮助别人。

女孩成长的过程，就是一个与他人交往的过程，只有乐于助人的人，才会受到他人的欢迎；自私自利，永远也结交不到好朋友。

乐于助人，是女孩成长必须培养的一种品格，在他人遇到困难或问题而求助的时候，父母要引导女孩为其提供力所能及的帮助。如此，女孩不仅会获得友谊，还能获得满满的成就感。

◆让女孩主动帮助同学

在日常生活中，父母要鼓励女孩"自己的事情自己做，尽量不给别人添麻烦"，还要给女孩机会，让她学会助人为乐，适当地帮家里、帮别人做点事。这样，女孩就能把专注的学习与适量的劳动交叉进行，有利于提高她的学习效率，有助于培养她的爱心，使她终身受益。

丹丹不仅学习成绩好，还是一个很有爱心的女孩，学习之余经常会热心地帮助同学和邻居。这与妈妈从小对她的教育是分不开的。

从丹丹上小学开始，妈妈就非常重视对她优秀品质的培养。在她们居住的楼下有个小卖部，店主是个身体有些残疾的老奶奶。老奶奶为人和善，深受居民敬重。妈妈就教导丹丹课余时间帮助老奶奶，老奶奶逢人便夸丹丹懂事，邻居们也都夸赞丹丹，丹丹感到非常骄傲。

在学校里，丹丹也经常帮助同学。班上有个略有残疾的女孩，走路时一瘸一拐。刚开始时，同学都嘲笑她，叫她"小瘸子"；有的同学甚至还当着她的面，窃窃私语，笑话她；胆子大的，则一边学着她走路的样子，一边高兴地大叫"瘸子"。丹丹非常气愤，总是站出来，指责他们的行为。

一次集体活动时，突然下起了大雨，同学们都穿好雨衣、打着雨伞，继续参加活动。残疾女孩的行动愈发不方便，丹丹看到这一幕，主动停下来，搀扶着她。一路上，虽然丹丹被甩在了队尾，也输掉了游戏，可是丹丹却非常开心，因为在她看来，没有什么比帮助同学更重要了。丹丹所做的一切，都被老师看到眼里，受到老师的表扬。

同学，是与女孩接触最多的人，也是她们的兄弟姐妹。当同学遇到问题的时候，要引导女孩为他们提供帮助。让女孩学会关心他人、帮助他人，其实也是在培养她的爱心。当女孩形成乐于助人的优秀品质时，也就拥有了爱心。

◆不嫉妒同学，才会更愿意帮助同学

很多女孩在学校之所以不愿意帮助落后的同学，很大一部分原因是，担心落后的同学进步以后，比自己优秀。在这种心理的作用下，即使同学遇到了困难，她们也不会伸出帮助的双手。嫉妒是一种常见的心理活动，只有经过恰当地引导，女孩的情绪才能得到良性发展。

期末考试结束后，微微拿着全班第三名的成绩单回到了家。妈妈发现她并不高兴，问起原因，微微说："老师让我帮助同桌补补英语，她英语不好，可是其他功课都不错，尤其是数学，这次她的数学考了满分。如果我给她补英语，那她的总成绩岂不是比我的还好？"

妈妈明白了，原来微微对同学有了嫉妒心，不愿意帮助同学，

害怕同学下一次考试超过自己。于是，妈妈坐下来，对微微说："你英语成绩好，但数学是你的致命伤，而同桌恰恰是数学成绩好、英语成绩差，你帮同桌补英语，让同桌帮你补数学，如此，两个人不是就能同时进步了。"

"可是，万一我的总成绩被同桌超过了，怎么办？"微微还是不愿意。

妈妈拍了拍女儿的肩膀，说："考试的分数算不了什么，我希望你每天都有进步，跟同学你追我赶才有意思。落后了，就要努力，不能嫉妒。"

微微想着妈妈的话也有道理，脸上逐渐有了笑容。

和大人一样，女孩也会妒忌，而且她们的妒忌心往往更强。当女孩发现别人比自己强时，内心就会生出一种小小的妒忌。这时，如果父母火上浇油，只会让女孩的嫉妒之火越烧越旺，最终害了她自己。因此，当发现女孩嫉妒别人时，一定要及时帮助她们消除这种可怕的心理，引导她们平静地对待他人的成绩。

从心理学角度来说，嫉妒是一种不服、不悦、自惭和怨恨交织的复合情绪，女孩的嫉妒心理会有明显的外露，甚至具有攻击性和破坏性。如果想让女孩养成乐于助人的品格，就要让她们减少妒忌心。只有女孩的心理趋于平衡时，才会心甘情愿地帮助同学。

同情弱者——鼓励女孩为弱者提供力所能及的帮助

同情心是人类最美好的情感，是女孩爱心的起源，也是女孩将来在人际交往中必不可少的要素之一，能让女孩的人格大放异彩，让女孩更具人格魅力。因此，培养女孩时一定要注意呵护她的同情心。

周末，妈妈带着小希和同事一起逛街。途经一个地下通道，她们看到一个盲人在拉二胡行乞。

小希满脸怜悯地对妈妈说："妈，给我几块钱，我去送给那个盲人叔叔，他太可怜了。"

妈妈抚摸着小希的头，微笑着说："你真是一个富有同情心的好女孩。"说完，掏出 5 元钱给了小希。

看到小希向盲人跑过去，同事十分不解："这些乞丐虽然看着非常可怜，可是社会上有很多假乞丐，都是靠别人的怜悯发财的。"

小希妈笑着说："我知道，可是，我从一本书上看到，向有困难的行乞者施善，是培养孩子同情心最简单、最有效的方法。有些人没有生活能力才来行乞，确实非常可怜。即使遇到了骗子，也最多损失几元钱，却能培养孩子的同情心，这样做还是值得的。"

因此，每当看到残疾人或没有工作能力的老人行乞，妈妈都会让小希给他们一些钱。当然，看到健康的年轻人也在乞讨，妈妈就会告诉小希事实的真相，让她学会明辨是非。在妈妈的教育下，小希懂得了同情弱者，同情心得到了很好的呵护和培养。

例子中，正是在妈妈言行的陶冶下，小希心里善良的种子才会发芽，才会对有困难的行乞者产生同情心。我们相信，在妈妈的培养下，小希长大后一定是一个富有同情心和爱心的女孩。

"同情心"这个词语我们都非常熟悉，生活中也经常会听到别人说"这人怎么这么没有同情心？""我们应该同情有困难的人，多关心他们。"那么，具体来说究竟什么是同情心？所谓同情心指的是，人们对某件事或某种情感的觉察与同情感，以及这种情感的表露；同时，同情心也是一种能够和别人引起某种感情共鸣的能力。要想培养女孩的爱心，就要引导她们同情弱者。

◆通过养小动物来培养女孩的同情心

女孩大都喜欢小动物，家长可以从教育的角度来看待女孩饲养小动物的现象，赋予女孩照顾小动物的任务，让其在饲养过程中关心小动物的健康、情绪、卫生清洁、饮食、排便、活动等。相处久了，女孩就会为小动物的活泼可爱而开心，会为它的生病而担忧，就在关心和照料小动物的过程中，内心逐渐产生同情心。

暑假回到老家，父亲带着女儿来到一座由碎石垒起的坟茔前，父亲问女儿："你知道这里埋葬的是谁吗？"

女儿摇摇头，父亲笑了，说："这里埋着一只老山羊。"

"爸爸，为何要给一只羊建坟呢？"

"我之所以要给这只老山羊建坟，是因为它是我们家的功臣，想听听它的故事吗？"

"爸爸，我想听。"

"这只老山羊是母羊，小时候你奶奶顾不上照顾我，我就跟这只羊玩。它就是我小时候的玩伴，我负责它的饮食和起居。"

"爸爸，它真是功臣。"

"人要有感恩之心，要记得别人对我们的好，即使是一只动物。还有一点就是，与动物相处久了，能从动物身上学会很多。比如，忠诚、奉献、与人相处的和谐等。所以，它值得我们永远铭记。"

女儿头倚靠在父亲的肩头，想象着爸爸和山羊玩乐的过程，一幅温馨的画面出现在眼前。

孩子一般都喜欢小动物，为了让孩子有个伴，有些父母会在家里养只小猫、小狗。其实，养育小动物的过程，也是引导女孩培养同情心的过程。

小动物属于弱势群体，女孩跟它们比起来，简直就是庞然大物。在人类社会中跟人类生活，小动物本身就是孤独的，只有让它们感受到人类的爱，它们才能健康成长。秉着大者保护小者的认识，就要鼓励女孩给小动物多一些爱心和同情。

◆做有爱心的父母

事实证明，孝顺的女孩大都很善良，因此父母在培养女孩善良的性格的同时，要引导她们关心他人、关爱父母，因为，父母是女孩的至亲，也是女孩最应给予回报与关爱的人。

周四晚上，杜先生宣布周六要带着女儿去爬山。女儿高兴极了，提前一个晚上就收拾好了自己的背包，可是，周六早晨，妻子却意外犯了胃病……

为了不让父女俩担心，妻子强撑着为他们收拾好出游所需的东西。杜先生一眼便看出了妻子的异样状态，把女儿叫到一边："我们今天不能去爬山了，你妈胃病犯了。"

女儿一听，就着急了："不行，不是已经说好了吗？再说了，我妈刚才还收拾东西，我看我妈很正常。实在不行，就咱俩去。"

爸爸耐心地告诉女儿："你妈不想让我们担心，才装出没有病的样子。你没有看到妈妈的脸色很苍白吗？咱俩去爬山，把你妈一个人留在家里，没人照顾她。"

女儿还是坚持要去爬山："我不管，我就是要去爬山。"

杜先生回答说："我之前是答应要带你去爬山，可是现在你妈病了。作为一个孝顺的女孩，爱妈妈比玩更重要。"

女儿琢磨了一会儿爸爸的话，最后说道："爸爸，今天先照顾我妈，等我妈病好了，咱们再去。"

只有让女孩学会爱父母、体谅父母，她才能用善良的心去爱别人、体谅别人。所以，在日常生活中，父母在爱自己女儿的同时，还要向女儿索取爱。这样，她才不会觉得父母对自己的爱是天经地义的，才会把爱父母当作一种自发的行为，在爱父母的过程中慢慢学会去爱更多的人，成为一个懂得关爱他人的善良女孩。

考虑他人——多站在他人立场思考问题，更容易产生同理心

站在他人立场思考问题，是一种伟大而高尚的情感，是人类借以维持自身发展和繁衍的基本力量。让女孩把自己痛苦状态时的感受与别人在同样情境下的体验进行比较，体会别人的心情，就能让她们学会理解别人、体谅别人。

一次，妈妈在收拾房间时，翻出一个自己小时候玩过的布娃娃。时间已经很久，布娃娃有些破旧，有些地方还开了线。6岁的甜甜却像发现了宝贝似的，拿着布娃娃不放手。

甜甜一边观察布娃娃，一边嘀咕："妈妈，布娃娃没有眼睛了，衣服也破了，她该有多疼啊！"

甜甜妈妈意识到这是培养女儿同情心的好机会，于是说："咱们一起把布娃娃修好，好吗？"甜甜痛快地答应了。

从一出生开始，女孩就由几个大人围着转，好吃的、好用的、好玩的，都先让着她；需要的一切都被大人完全包办代替，结果时间长了，就会失去爱心和同理心，形成一种习惯——"人人都要为我"，而且视之为理所

当然。

生活中，父母可以利用多种机会让孩子站在他人立场思考问题，例如：看到其他小朋友摔倒时，可以启发女孩说："如果是你摔倒了，是不是感觉很疼？小妹妹一定也摔疼了，快去扶起她。"某地发生灾情，可以引导女孩："那里的小朋友没饭吃，没衣穿，你想想，如果你也在那里，会怎么样？我们给灾区捐点衣服和食品吧！"这样，女孩的爱心不知不觉就培养起来了。

研究表明，女孩天生便具有丰富的情感，她们的同情心更是与生俱来。社会文化赋予了男女孩不同的教养方式，教育男孩时父母会告诉他们"应该坚强，不能轻易流泪"，否则男孩可能会成为令人讨厌的娘娘腔；而教育女孩时，父母一般会用柔和的语调来与她们沟通、用细腻的情感包容她。结果，女孩比男孩具有更强的同情心。

同情心是中华民族的传统美德，也是女孩应该具备的品德。一个人只有具备了同情心，才会充满爱心；富有同情心的女孩，其人格也会大放异彩。

◆要女孩设身处地为他人着想

只有设身处地地感受他人当下的感受和处境，关注他人的情绪体会和反应，了解他人的痛苦，才能感人之所感，产生助人行为。父母应抓住日常生活中的适合情境，引导女孩设身处地地为他人着想，比如：当女孩因为没有帮助别人感到内疚时，就可以创设情境，采用角色扮演等方法来培养女孩的同情心，让女孩在日常生活中将心比心，体会到他人需要帮助的心情，培养利他行为。

有一次，李婷和丈夫带女儿豆豆到公园玩，坐下来休息时，丈夫给豆豆买了一些果冻。这时，李婷注意到旁边有个小女孩，也坐在那里休息，大人不在身边。

　　小女孩用渴望的眼神看着豆豆吃果冻，李婷对豆豆说："豆豆，给这位小妹妹吃点果冻，好不好啊？"

　　"不。"豆豆有点不舍得，将果冻一把抱在怀里。

　　李婷耐心地对她说："豆豆，要是妈妈有事情不在你身旁，而这位小妹妹在吃果冻，你想不想吃啊？"

　　"想！"豆豆毫不犹豫地回答。

　　"这就对了，现在你把果冻给小妹妹吃，等到下次妈妈不在你身旁时，那位小妹妹也会把东西给你吃的。"

　　豆豆看看李婷，又看看那位小妹妹，终于拿出了一些果冻，给了那个小女孩。

爱心就像春天播下的种子，只有对女孩进行爱心教育，才会使女孩学会体贴别人、关心他人。有了这种爱心，并延续下去，女孩将来肯定能成为一个善良的人。为了使女孩能够把善良的举动进行下去，就要对女孩进行鼓励。随着女孩慢慢大了，经历的事情多了，自然能够分辨出真假可怜之人，也会有选择地做出正确的善良举止。

◆**引导女孩去感受别人的感受**

要想让女孩多一些爱心，就要引导她们去感受他人的感受。

　　小小在学校有一个好朋友，叫都都，她是一个略有残疾的女孩，走路时一瘸一拐。刚开始时，小小一点儿也不喜欢她，甚至还和同学一起嘲笑她，叫她"小瘸子"。

　　一次放学回家，小小回来告诉妈妈她们对都都的嘲笑，妈妈听后，正色说："你这样可不好，本来都都已经很可怜了，你还嘲笑她，你有没有感受一下她当时难过的心情？都都有残疾，本来就很自卑，现在又遭受别人的嘲笑、欺负，心里肯定很难受。她已经很可怜了，怎么还能欺负她呢？"

接着，妈妈又说道："比方说，你和小朋友一起在游戏，别的小朋友摔倒，你在旁边大笑，可是，如果是你的话，你摔跤了，别的小朋友笑你，你会有什么感觉呢？"小小说："我一定觉得很丢脸很难过吧。"妈妈又接着问："那么如果你是他，你会希望别的小朋友做些什么呢？"

笑笑肯定地回答："我希望她们来扶我，而不是笑我。"这时，妈妈引导小小，告诉小小"己所不欲，勿施于人"，从此小小学会了感受别人的感受，再也不去嘲笑都都同学了，还和她成了好朋友，经常想方设法地帮助她。

拥有同情心的女孩通常都懂得体谅别人，而拥有同理心的女孩则可以将别人的感受转化为自己的感受，更有利于培养女孩的人际交往能力。所以，除了培养女孩的同情心外，家长还要培养她们的同理心。父母要抓住日常生活中的教育契机，引导女孩遇事先考虑他人，教她学会感知他人的情绪，让她学会设身处地地为别人着想。

例如，如果女孩总因贪玩忘记回家而让妈妈着急，也许她并不能理解妈妈为什么会这么着急。这时，就可以对她说："如果你在家，我出去了，没有告诉你我去哪里，天黑了我还没回来，你会不会担心？"如此，女孩就会明白，遇到这种事情，她可能比妈妈还着急。这样，女孩再出去玩时就会记得告诉妈妈了。

提供机会——给女孩提供奉献爱心的机会

世界上最珍贵的东西是什么？爱心。有时，爱心比自信更加重要。有爱心的女孩，跟身边人的摩擦就会减少；她们的人际关系往往更和谐，也能获得更多的帮助和机会。因此，要想让孩子有爱心，就要给女孩提供奉献爱心的机会。

一天晚上，妈妈带小芸出去玩。一只小猫从一棵树的背后走出来，跟在妈妈和小芸的后面。

小猫浑身上下脏兮兮的，身上还有几处伤口，显然是一只没人要的流浪猫。

看着可怜的小猫，小芸对妈妈说："妈妈，这只小猫多可怜啊！我们把它带回家吧。"小芸走过去，蹲在小猫身边，自言自语着："小猫受伤了，真可怜，如果没人照顾它，它会死掉的。"

妈妈突然意识到，女孩同情小动物，是有爱心的表现，作为妈妈，更应该培养女孩的爱心。妈妈没有立即答应小芸的要求，而是问："我每天要上班，没有时间照顾小猫，要想带小猫回家，就要自己照顾。这样，你还想带小猫回家吗？"

小芸看着妈妈，使劲地点点头："嗯，我要带小猫回家，自己照顾它。"

女孩都是天性善良的，当她们遇到需要帮助的人或小动物时，就会生出想要帮助对方的愿望。故事中的小芸看到受伤的小猫，就想把它带回家并亲自照顾它，说明小芸是个非常有爱心的女孩。同时，小芸妈妈做得也非常正确，她没有拒绝女儿的愿望，给女儿提供了自己照顾小猫的机会，从侧面培养了女儿的爱心。

由此可以看出，虽然女孩有善良的天性，但后期父母的培养也非常重要。阻碍女孩爱心的发展，时间长了，女孩的爱心也会渐渐消失，最终变成一个自私自利、完全不顾及别人感受的人。

父母只知道一味地疼爱女孩，不给女孩提供奉献爱心的机会，她们就会丧失施爱的能力。只知道索取，不知道给予，就会觉得父母的关心理所当然。没有给女孩提供拥有爱心的机会，她们怎么会关爱他人？切记：学习固然重要，女孩的爱心培养更加重要。为了培养女孩的爱心，家长应该给她们提供奉献爱心的机会和条件。

◆带领女孩去关爱弱势群体

女孩一降生，就会自带一本爱的收支账簿，一味地将爱塞给女孩，账簿上就都是收入，没有支出，一旦爱淤积，女孩就无法感到别人的爱，更无法将自己的爱播散出去。女孩不是父母的独有财产，总有一天会独自踏入社会，成为一个公民、一个职员、一个老板、一个伴侣……没爱心，怎能得到认可和幸福？作为父母，在日常生活中，一定要让女孩学会爱，学会关爱他人，尤其是弱势群体。

杜女士是一位单亲妈妈，跟13岁的女儿一起生活。可是，杜女士没有像其他单亲妈妈一样抱怨命运不公，而是以挫折为动力，带着女儿一起积极投身到志愿者队伍中，为弱势群体提供着帮助。

经历失败的婚姻后，杜女士也消沉了一段时间，之后她决定和女儿共同成长，坚强面对生活，为女儿创造快乐氛围。一个偶然的机会，杜女士成为"慈善大家庭"的一分子。由于经济能力有限，每次她只能捐赠一点钱作为活动善款。有时，看望帮扶对象时，她还会忍不住悄悄地为她们塞上一些钱，直至身上的现金都捐完。

在杜女士潜移默化的影响下，女儿也对弱势群体充满了同情。

社会上总会有弱势群体的存在，关爱弱势群体，不只是社会的责任，也是每个人应尽的责任。

助残助弱是弘扬中华民族的传统美德，是一个人爱心的具体体现。懂得关爱弱势群体的女孩，才会爱身边的亲人、朋友，才会爱自己。相信在杜女士的影响下，她女儿一定会成长为一个内心充满爱、充满阳光的人。

帮助弱势群体最有效的办法，莫过于向他们伸出援助之手，向他们敞开坦诚之心，以最大的爱心去温暖他们、帮助他们。在教育女孩关爱弱势群体时，要鼓励女孩去做义工、伸出自己的手，为他人提供力所能及的帮助。

◆给女孩创造机会，让她学会关心他人

日常的生活中，要尽量让女孩参与进来，需要女孩帮忙的地方，直接跟她说；看到他人需要帮助，就要引导女孩去协助，比如：扶老人过马路、捡起路上的垃圾等。多给女孩创造这样的机会，她们才能学会关心他人。

王女士有一个 8 岁的女儿，她是一个懂得关爱他人的女孩。这一点，与王女士的教育有着密切关系。

一天早晨，女儿说不舒服，王女士摸了摸她的头，确定不发烧后，就让女儿上学了。女儿离开后，王女士就开始肚子疼。吃了药，但一点儿也不见效，只好去附近的医院打了针，疼痛稍微减轻。

中午女儿放学回家后，一看脸色就知道不对劲，王女士让女儿也吃了药。午饭后，考虑到下午的工作，王女士没能及时带女儿去医院。坚持到工作完成，她立刻给女儿请了假，去看医生。

医生说，有点儿发烧，需要输液。输液的过程中，可能是药液的缘故，女儿不时地说渴，要喝水。不知怎的，王女士一点儿力气也没有了。医生看到她的样子，让她也同时输液。

女儿躺在床上，王女士坐在女儿的床头，突然想到可以借此机会让女儿学会照顾人。

"女儿，以前在你生病时都是我照顾你，给你拿药，给你端水，可今天，我也不舒服。咱俩只有互相照应了。"

女儿忽然说："妈，你也躺下吧，坐着多难受。"

女儿的针头被医生拔掉后，她便小心地扶着让王女士躺下来。把挂液体的架子也挪了又挪，生怕碍事；把被子盖了又盖，生怕王女士冷。她坐在床头，小大人一样地照顾着妈妈："妈，渴不渴？""妈，喝水吗？""妈，稍微好些了吗？……"

女孩的爱心都是在生活的点滴小事中不断培养起来的，作为父母，千万不要总把女孩当弱者，觉得她们什么都不会做。恰恰相反，让女孩适当地照顾自己，既能体会父母的艰辛，也能学会关心他人。

第十一章

耐心：有些路似乎很近，缺少耐心永远走不到头

培养兴趣——从女孩感兴趣的事情入手，提高做事的耐心

生活中，每个人都有自己做人的目标和方向，方向选对了，耐心就显得十分关键。按照自己的目标持之以恒地努力，就更容易成为成功的人；而三天打鱼两天晒网，做什么都没有耐性，结果很可能是一生平庸。从一定意义上来说，女孩是否拥有坚持和忍耐的品格，对她能否健康成长、能不能获得优异的学习成绩，都有非常重要的意义。而兴趣是最好的老师，因此要想提高女孩的耐力，就要从她们感兴趣的事情入手。

小烨上小学五年级，学习有些浮躁，老师刚讲了个开头，她就认为自己全部听懂了。在家里写作业时，亦是如此，经常是刚复习一半，就坚持不下去了，认为自己已经学会了。可是，一到考试时，她就着急，觉得自己这里也不会，那里也不会，每次考试前期，她都会非常紧张，担心自己考不好。

不仅如此，小烨干什么事都不持久。从幼儿园大班开始，妈妈就给她报了古筝辅导班，可是没过两个月，小烨就不学了。后来，又陆续学了钢琴、画画、小提琴等，每次都是小烨自己主动提出要学的，再三保证一定会坚持，可是没过多久，她就会故伎重演，

不肯去学了。

　　小烨的表现，妈妈看到眼里，急在心里，可是无论自己怎么说、怎么做，都改变不了女儿的性格。

不管学什么，女孩都挺快，"喜新厌旧"的速度也比一般人要快。在学习上同样如此。顽强的毅力是成功的阶梯，对女孩来说，只有具备坚强的意志、百折不挠的精神，才能成就梦想。

现实中，很多女孩似乎按捺不住自己的性子，遇到一点小事，就如坐针毡，甚至还会大吼大叫，不思考下一步应该如何做，反倒不断抱怨、发脾气。更要命的是，有些父母太宠女孩，一味地安慰，却不教她如何坚持下来。

在教育女孩时，家长一定要从女孩感兴趣的地方，加强对女孩进行毅力训练。在人生道路中，最终能够抵达目的地的，往往是充满耐心和毅力的人。拥有坚韧和毅力，抛开自卑奋力拼搏，发挥自己独特的禀性和天赋，超越灵魂的羁绊，就能成就一番伟大的事业。

◆从兴趣入手，对女孩性格进行磨炼

要想磨炼女孩做事的耐性，就要从她们感兴趣的事情入手。否则，她们的积极性就会减弱很多。

　　女儿8岁生日，爸爸送给她有1000块组件的航母模型。

　　收到礼物后，女儿非常高兴，不停地表示感谢。

　　爸爸对女儿讲："女儿，爸爸给你买这件礼物是有想法的，想听听吗？"

　　"爸，你说吧，我想听。"

　　"上次我给你买的那件组装玩具，有多少块组件？"

"爸爸，是 600 块。"

"那次，你花了好长时间，分了几次才组装上，爸爸还真是佩服你的超强耐心呢。"

"爸，这次我想挑战自己的纪录，你看行吗？"

"好啊，爸爸非常支持你，我女儿肯定能不断挑战自己的耐力极限。"

女儿利用周末时间，一口气把航母组装完毕，整整用了 8 个小时，中间饭都没有吃。看着女儿小手都磨得红红的，爸爸感到非常欣慰，对女儿的耐心和毅力给予了肯定与赞赏。

事例中的父亲很好地利用了时机，虽然话不多，但句句引导到位。通过回顾以往女孩做事耐心的经历，激发女孩内心的自豪感，让女孩充满做事的信心和勇气，更愿意进一步挑战自我。特别是把耐心、毅力、专注、极限挑战、成长几个关键词融入引导之中，让女孩从中得到教育和启发，告别浮躁的自己。

女孩太浮躁，多半是因为缺乏耐心和毅力。因此，要想提高女孩的耐性，就要有针对性地进行磨炼。比如：指导女孩练习书法、绘画、弹琴、解乱绳结、下棋等，都有助于培养女孩的耐心和韧性。此外，指导女孩调控自己的浮躁情绪。例如，做事时，可以让女孩用语言进行自我暗示："不要急，耐心一点""坚持就是胜利"等。此外，还要抓住生活中的一切机会，结合生活中的小事，对女孩进行有针对性的磨炼。

◆在枯燥的事物中加入好玩的元素

女孩的毅力不够，一大原因就是，外界吸引女孩的东西太多了，家长要为同一事物加入新元素，把枯燥的事变成好玩的事物，慢慢培养女孩的毅力。

小旗刚开始画画时，经常会在纸上乱涂一气，根本看不出是什么。

妈妈问她这是什么，她告诉妈妈：云，小鸟等。

这时候，妈妈就会接着问：天上还有什么？

小旗会认真地想想，然后回答：飞机、气球、太阳、星星……

有时，妈妈也会在纸上画个圈，然后让小旗说出圆圆的东西，再帮她画出来。

最近，小旗喜欢上了汽车，家里的汽车被她玩得只剩四个轮子了，还不舍得扔掉。

妈妈会和她一起玩汽车游戏，比如，会模拟火灾现场，让她打119，然后救火车就开来了；再让她打120，救护车就开来了；再打110，警车就开来了。

对于这样的游戏，小旗总是乐此不疲，只要妈妈有空，她们总是会玩出好多新花样。

兴趣固然是坚持的前提，可是女孩的兴趣有时是波浪形的，在某个时候会对原本很感兴趣的事情厌倦，可是，并不代表她真的不喜欢，而只是兴趣疲劳了。这时，就是个培养毅力的好时机。家长只要稍微在其中加入一些有趣的元素，鼓励一下，女孩就可能坚持下去。

比如，学画时女孩突然说："我不想去学画画了。"就可以鼓励她："不是好久没见林老师了吗，他一定又会给大家讲笑话。"回家后，可以对女孩说："你看，还说不去呢，看你画得多好！"如此，女孩就会理解坚持一小步，就能获得许多的快乐。

女孩耐心的培养不是一朝一夕的，父母在培养女孩耐心时，要更加充满耐心，慢慢地从女孩的兴趣入手，等待女孩成长为一个优秀的人。

活用游戏——在游戏中引导女孩多一些忍耐

低幼女童一般都显得没耐心，在期待她能"乖一些""听话一会儿"时，她总会显得不耐烦。女孩做事有耐心，不仅能使父母得到片刻的安静，也是女孩需要学习的一项重要社交技能，更对她们日后的心理发展、整体素质有至关重要的作用。因此，为了提高女孩的耐性，就要将游戏充分利用起来。

盼盼上幼儿园大班，做事特别急躁。平时事情不能如自己的愿时就发脾气，很多日常活动都不能有始有终。有一次，妈妈给她买了一瓶矿泉水。盼盼很心急，急着抢过瓶子，拧瓶盖，可是拧了一会儿没拧开，立刻要妈妈帮忙。妈妈说："要不要再试一下？"结果，盼盼干脆把瓶子扔掉，还很生气地说："不试了，不喝了！"

盼盼没有耐心还体现在玩耍方面：玩具玩了一会儿要是没有新发现，就会很快生厌；看到其他小朋友玩玩具，她就会扔掉自己的，去抢别人的。即使抢了别人的，也一会儿就不想玩了。

每当这时，妈妈就很着急，训斥盼盼并要她耐心把事情做好。

如果盼盼还不听，就会打手板。

妈妈感到很苦恼，怎样才能让盼盼多一点耐心呢？批评、惩罚都没有改掉女儿的坏毛病，最后她利用游戏，逐渐培养起了女儿的毅力和耐心。比如，串珠子、捡豆子等，训练了女儿的耐性；玩益智类玩具，例如积木类。要想将一个个小木块堆积在一起，必须静下心来慢慢地堆积，在这个过程中就锻炼了女儿的耐性。此外，做手工也是培养女儿耐性的一种好方法，例如画画、剪纸等。

渐渐地，盼盼学会专注于一件事情了。

任何一个游戏的完成，都需要花费一定的时间，有些游戏可能需要的时间更多，比如：拼图、搭积木，也是考验女孩耐心的一个好方法。

在跟女孩玩游戏的时候，如果她们半途而废，要鼓励她们继续玩下去；即使暂时休息几分钟，之后也接着将游戏玩完。否则，女孩就会养成半途而废的坏毛病，继而不管做任何事，都会失去耐心。

耐心，是女孩长时间做某件事时能够持续的时间，能够坚持下来，将游戏玩完，就说明她是有耐心的；如果玩了不到一会儿就放弃了，就说明她的耐心很弱。

◆ 在游戏中，补上耐心课

游戏的过程，不仅是对女孩耐心的考验，还是教育女孩多些耐心的好方法。父母可以选择一些有利于提高女孩耐心的游戏，引导她们来玩，让女孩在玩中学、在学中玩。

豆豆是个活泼好动、兴趣广泛的小女孩。她什么事都想做，一件事情还没干完，又去做另一件。豆豆经常在客厅里玩玩具，把玩具摆满客厅，常常弄得一片狼藉。妈妈叫她把玩具收起来，她就跑到其他房间去躲起来，让妈妈大伤脑筋。

一天，邻居家的小朋友来找豆豆玩，两个人比赛搭积木。小朋友很认真地一块一块往上搭，倒了就重新来，搭的积木越来越高。可是，豆豆没有耐心，搭的积木倒了两次，最后干脆一推，把自己的同小朋友的积木都推倒了。

为了培养豆豆的耐性，妈妈充分利用了游戏。妈妈知道豆豆喜欢拼图游戏，就在图书市场给她买来中国各省区的拼图。豆豆很好奇，在妈妈的帮助下，一边看中国地图册，一边拼图。豆豆耗时 30 分钟终于拼完，高兴地拿给妈妈看。妈妈立刻表扬了豆豆有耐心、有毅力，并答应下周给她买一个世界地理拼图。

案例中，为了提高豆豆的耐心，妈妈买了很多拼图。要想将整个图形拼接完整，豆豆就要耐着性子一点点来，稍有松动，注意力就会转移，就无法完成拼图。妈妈通过自己的引导，让女孩耐着性子完成了拼图，这种方法值得我们学习。

◆耐心训练中，父母首先要有耐心

女孩的耐心需要父母培养，但这种培养也要花费一定的时间和精力，更是对父母耐心的考验。为了提高女孩的耐心，父母首先就要对她们的教育多一些耐心。

4 岁的乐乐正在地板上专心地拼积木，她把积木堆起来，然后哗地推掉，然后再堆再推。堆时一脸专注，推时满脸兴奋……妈妈一会儿过来："宝贝该喝水了。"一会儿："宝贝，你饿不饿？"然后，爸爸又凑过来："乖，不要总是推倒嘛，来，我们盖个结实的大高楼！"爸爸边说边拿起积木动手。

　　而乐乐玩拼图的时候，反复拼了好多次都没有成功，爸爸看到了，就不耐烦地说："我看你是拼不好了，还是我来帮忙吧。"

　　很多家长会抱怨，女孩写作业一点都坐不住，一会吃东西，一会摆弄小汽车，一会又偷看电视，怎么就不能安生地把作业写完呢？看了乐乐的故事，想必就知道原因了。

　　很多父母总是抱怨女孩没有耐心，可是在训练女孩时，往往比女孩更没有耐心，请记住：罗马不是一天建成的。想要女孩变得更有耐心，不仅需要调节自己的耐心，还要有意识地对女孩进行耐心训练。

　　仅仅依赖口头的教育对女孩的作用并不大，对于智商迅速发育的女孩来说，从女孩感兴趣的游戏来入手，就是个很好的选择。比如，可以先从最简单的造型开始训练，与女孩分析如何看搭建步骤；然后，让女孩自己尝试按着图纸一步步搭建。当女孩遇到困难时，也不要急着伸手帮忙。这样，不仅可以训练女孩的耐心，还便于女孩集中注意力。当然，一开始训练时，女孩难免会因为小困难而闹脾气，家长要多鼓励、多赞扬。

适当延缓——女孩提出要求，不要立刻答应

对女孩进行耐心的培养，也是对女孩进行意志力的培养。意志力也是抗挫折能力的一部分，直接影响着女孩的学习、工作和事业的发展。而女孩身上的所有的能力都不是天生的，耐心同样如此。要想让女孩更加有毅力，她们提出的要求，最好不要立刻答应。

悠悠已经上小学二年级了，可是不管做什么事，都没有耐心。无论是学习，还是生活，都喜欢急于求成，一旦自己的愿望没有得到满足，或者没有取得理想的成绩，就会大哭大闹。

对于女儿的表现，妈妈十分苦恼。一天，她看到一个心理实验：实验者给几个 4 岁儿童每人一颗糖，同时告诉她们：立刻吃，只能吃一颗；20 分钟后再吃，就吃两颗。有的孩子急不可待，立刻吃掉了糖；有些孩子耐住性子、闭上眼睛，有的孩子用自言自语或唱歌来转移注意力，最终获得了更丰厚的报酬。结果显示，为获得更多的糖而等待更久的儿童要比缺乏耐心的儿童更容易获得成功，延迟满足能力越强，更容易取得成功。

悠悠妈妈决定采用延迟满足的方法，培养女儿的耐心和毅力。

她从女儿最喜欢吃的巧克力入手，送给女儿一个圣诞倒计时日历，并告诉女儿使用的方法。悠悠收到巧克力，开心得手舞足蹈。

悠悠打开第一个盒子，吃掉第一块巧克力，这时妈妈告诉她，到明天才能开第二个盒子。悠悠有些不情愿，可是想到明天还可以吃，就忍住了。

第二天，悠悠一放学就去拿巧克力，刚想一口吞到嘴里，可是有点舍不得。她仔细看了看巧克力，用鼻子嗅了嗅，陶醉在巧克力的香味中，最后把巧克力放进嘴里，慢慢地品尝起来。

看到这一幕，悠悠妈妈简直惊呆了！原来，用一个小小的倒计时日历，就可以培养女儿延迟满足的能力。

这就是延迟满足的魅力！所谓的延迟满足就是，当女孩面临种种诱惑时，能够为更有价值的长远结果而控制自己的即时冲动，放弃即时满足的抉择取向，在等待期中展示的自我控制能力。这种能力，不仅是女孩自我控制的核心成分和最重要技能，也是女孩社会化和情绪调节的重要成分，更是伴随她们终生的、积极的人格因素，是女孩由幼稚走向成熟、由依赖走向独立的重要标志。

"延迟满足"是一个人心理成熟的表现，也是情商的重要构成成分。事实证明，能够"延迟满足"的女孩自我控制能力更强，她们能够在没有外界监督的情况下适当地控制、调节自己的行为，抑制冲动，抵制诱惑，坚持不懈地保证目标的实现；而"延迟满足"能力发展不足的女孩，就会出现偏差行为，比如：边做作业边看电视、上课时东张西望做小动作、放学后贪玩不回家等。

女孩的需求，很多都是暂时的、应景的，对于她们的要求，当时不答应，延迟一段时间，可能过了一段时间，她们对某件事物的渴望度就减弱了，也就不会缠着父母买了。即使不是这样，通过这样的过程，也能锻炼她们的耐心。

◆利用爬山，延迟满足

爬山，要想看美丽而全面的风景，需要坚强的毅力坚持爬到山顶。这个过程，不仅是对女孩意志力的锻炼，也是"延迟满足"的一种训练。

王女士和老公总会带着女儿去爬山，每次都鼓励她爬到山顶，因为他们觉得"无限风光在险峰"。

春天山上桃花正开，一家三口去爬北京西北郊区的阳台山。在山下时，天气还很暖和，抬头往上看去，山上一簇一簇的桃花，非常漂亮。

他们有说有笑地拾级而上，满山的桃花散发着淡淡的香气。快爬到山顶时，突然下起了鹅毛大雪。一阵微风刮过，雪花飘舞，他们忍不住被这奇妙的变化所震撼。没多久，雪就停了。他们依然往山上爬，很快就爬到了山顶。

爬山时，在不同的方位看到的风光完全不同。在山脚下虽然也能看到不错的风光，可是大部分人还是往上爬。不过爬到半山腰，有些人就觉得已经足够了或体力不足，就停了下来。这时候，看到的风光就跟山下看到的已经完全不同。

离山顶还有一段距离，有些人接着往上爬，越往上爬眼界越宽，看到的景致更美丽。最后，只有很少人能爬到山顶，可是爬到山顶的人看到的风景最全面。

爬山，要想到达某个地点，都需要攀登一段时间。而在攀登的过程中，会减弱心中的渴望，继而学会等待。因此，如果登山的时候女孩提出了不合理的要求，就可以确定一个目标，答应女孩："登到×××，就给你。"如此，女孩看到希望，也就不会胡搅蛮缠了。

在登山过程中，女孩会流汗，会看到很多未见过的景物，她们的注意力就会被转移，可能真正登到山顶的时候，她们已经忘了当初在山脚下的愿望。

◆让女孩稍微等一等

在独生子女家庭中，很多女孩已经习惯了饭来张口、衣来伸手。想要喝水，奶奶立刻送上；想要穿衣服，妈妈立刻到来……时间长了，大人稍微慢一点，女孩就会感到不满意。如此，对于提高女孩的耐心一点好处都没有。为了培养女孩的耐心，就要让她们尝试着等一等，不要立刻答应。

婷婷是个性子特别急的女孩，不管她想要什么，都会要求立刻得到；想怎么做，就要求立刻实现，否则就哭闹。

一天，婷婷在家里玩小汽车，一会儿她玩烦了，想看动画片《熊出没》。婷婷打开了电视，可是电视上没有一个台播放《熊出没》。妈妈告诉她，要等到晚上6点钟电视上才会播放。

听到这儿，婷婷噘起了嘴，都快哭了，她哪有足够的耐心等到晚上6点？妈妈没办法，决定打开电脑，婷婷一听，立即坐到电脑前。

不过妈妈并没有立刻打开电脑，而是对婷婷说："现在不能打开电脑，我得先做饭。"婷婷有些等不了，一个劲地缠着妈妈。妈妈指着挂在墙上的钟表告诉她："等指针指向'10'，我就打开电脑。现在，你先玩会儿别的，再哭闹，我就不帮你了。"

听到这话，婷婷只好坐在一旁等妈妈将饭做好。

过了一会儿，妈妈做好了饭，打开电脑，婷婷高兴地看起了动画片。以后的日子里，每当婷婷急不可待时，妈妈就会用"让她等一会儿"的方法训练她的忍耐力。渐渐地，婷婷学会了耐心等待。

如今，很多家长都抱怨自己的女孩特别急躁，而自己又不知道如何下手缓解。我认为，一旦发现女孩急躁，父母一定要控制自己的情绪，先让自己冷静下来，探究出女孩急躁的真正原因。比如，女孩想要某样东西并想立刻得到时，要让她知道并不是所有想要的东西，立刻就能如愿，她想要的东西必须等到合适的时间或到某个地方才能得到。这样，女孩就会明白做任何事情都有一定的程序，从而减少自己的急躁情绪。

当然，除了这一点，父母还可以利用一些具体的活动来磨炼女孩的韧性。比如，有意识地让女孩练习书法、绘画或陪女孩下棋、玩拼图等，让女孩在一笔一画的练习中，在细致观察中，在缜密思考中，学会等待。

提高乐趣——鼓励女孩从事情中找到乐趣

刚开始，父母总会支持女孩的各种想法，只要女孩对什么感兴趣，就立刻安排。但是，女孩总是"三分钟热度"，动不动就放弃。其实，造成女孩三分钟热度的，是因为她们没有找到其中的乐趣，一旦女孩找到乐趣，自然就有坚持下去的决心了。

琪琪今年10岁了，是班上的"小才女"，她酷爱阅读，每天都要坚持阅读一个小时的课外书，她这个习惯，已经保持两年了。琪琪之所以能坚持阅读，就是因为她找到了阅读的乐趣。

琪琪小时候，和大多数女孩都一样，喜欢睡前听故事。每天晚上睡觉前，都缠着妈妈给她讲故事。白天工作一天，妈妈的身心难免劳累疲乏，有时候再碰上个不顺心的事儿，所以睡前讲故事这个功课难免做得不到家，推诿、找借口，能不讲则不讲。这时，琪琪便会嘟起小嘴躲到一边生闷气。

妈妈觉得如果一直这样下去也不是个办法。阅读的环节让家长代劳了，不仅会让女孩失去自己读书的快感和乐趣，也会养成她懒惰和不爱动手的坏习惯。

为了"逼"琪琪爱上读书，妈妈开始有意识地带她多接触书。比如周末、假期，妈妈去书店买书时，会尽量带她一起去，然后让她选择自己喜欢的书，然后帮她把关，由图画逐步向文字过渡。

去图书馆时，妈妈也会有意识地把琪琪带上，把她扔进儿童阅览室，和小朋友们一起阅读自己喜欢的书，有时还一起讨论书中的人物和情节，让孩子们争论不休，各抒己见。

每隔几天，妈妈都会拿出一点时间，倾听琪琪的阅读感受，分享阅读的快感。当琪琪讲到自己的独到见解和认知时，即使见解和认知都很稚嫩，妈妈也会真诚地表达自己的惊喜和赞美，给琪琪鼓励。

每天晚上，妈妈看书时，顺便扔一本书给琪琪，她便煞有介事地看起来。遇到看不懂的问题时，会凑过来问妈妈。琪琪过生日时，妈妈送给她一套带注音的《十万个为什么》和《百科全书》的简本。琪琪收到礼物后，十分开心。

琪琪在妈妈的督促下，坚持每天看书。过了一段时间后，琪琪兴奋起来，跑过来抱着妈妈的脖子说："妈妈，怪不得你天天看书，书真好，里面什么都有，以后不用问你了，我可以到书里找。"

琪琪之所以能够坚持下去，就是因为找到了其中的乐趣。可以说，乐趣是坚持的基础。

生活中，经常看到这样的场景："妈，我想学唱歌！""整天三分钟热度，做啥都超不过一天就放弃了，还学唱歌？别开玩笑了！"……"这个没意思，不玩了！""你干啥都三分钟热度，动不动没意思，不玩了，就你这样的，长大后能干啥？"

"三分钟热度"起始于对一件事物的兴趣，对即将发生的事抱有很高的期望，期待从中可以获得更多的快乐。可是，一旦无法在最短的时间里感受到这种乐趣，女孩就会失去兴趣，继而放弃。因此，要想提高女孩的耐心，就要从她们感兴趣的地方开始。

◆**让女孩体验到成功的快乐**

在现实中，很多女孩不是找不到做事情的快乐，而是在做事当中，因为屡屡受挫，从而丧失了信心，以至于失去了耐心，对做什么事情都没有毅力。要改变这一现状，就要不断让女孩体验到成功的快乐，才能从做事之中找到乐趣，进而不断地继续坚持下去。

　　小洁是班里的后进生，各门功课成绩都很差，每天上课时要么看课外书，要么趴在桌上睡觉，要么就是在纸上胡写乱画，从不认真听讲。

　　班主任了解发现，原来她从小学二年级开始，成绩就一直很糟糕，常常受到父母的责骂和老师的训斥。渐渐地，她对学习失去了兴趣，觉得考大学是天方夜谭，只要读完小学，就完成父母的交代了。

　　老师找到小洁的爸爸，希望他在小洁身上找到以往的成功，然后给予赞扬。后来，小洁的爸爸终于发现女儿在草稿纸上画的卡通画，突然想起来，女儿曾经学过一段时间的美术，美术老师也夸小洁比较有天赋，可是后来，随着学业越来越重，美术班也不再继续了。于是，他便诚心地赞赏女儿的绘画天赋，并提到了女儿以前学美术的种种，以及美术老师的表扬。

　　从此，小洁重新找回了自信，上课时像变了一个人似的，专心致志地听课。后来她报考了美术专业，并且考上了大学。

小洁的改变，在于父亲和老师让她从画画中体验到了成功，从而激发了自信心。提提女孩以往的成功，是女孩们健康成长过程中和吃饭穿衣同等重要的需求。

奥地利著名心理学家阿德勒曾说："人都是追求优越的，人的天性是要战胜自卑，超越别人。"女孩每一个细小的成功都能带给她无限的信心与动力，女孩就是在不断的成功中逐渐学习，更加进步的。

在女孩成长的过程中，体验到成功，然后受到赞美，会对她产生不可估量的影响。赞美就像是缓缓的春风，可以带给女孩温馨和舒畅；成功如同是火种，能够点燃女孩的憧憬和理想。在女孩生活的环境里，父母要努力为她们创造条件，善于捕捉机会，让女孩在成功的体验中获得强大的自信。

◆不断肯定女孩，让她们从做事中找到乐趣

一位著名心理学家曾说："抚育女孩没有其他窍门，只要赞美她们。当她们把饭吃完时，赞美她们；画了幅画后，赞美她们；当她们学会骑自行车时，也赞美她们，鼓励她们。"其实，这就是在说，教育者要及时肯定女孩的点滴进步。女孩在父母的不断肯定之下，就更加容易发现做事的乐趣，否则，如果一盆冷水浇下来，所有的乐趣都会被浇灭，也就丧失坚持下去的信心了。

一场橄榄球比赛结束后，小女孩兴致勃勃地跑到观众席上，对一位中年人说："爸爸，你看见我在底线得分的那个球了吗？我是不是比上次表现得好多了？"

虽然这个小女孩做的并不是特别好，可是，爸爸仍然充满微笑，揉了揉小女孩的头发，肯定地点点头说道："确实，进步了不少，可是，我们还需要再努力，我相信下一次你会有更大的进步。"

小女孩在父亲的鼓励下，坚定地点点头，保证要继续努力。

　　小女孩之前其实并不是一个非常优秀的孩子，可是，她却有一个非常聪明的父亲。平时，每次小女孩把作业拿回来让父亲看，他都说："棒极了！"然后小心翼翼地挂在客厅的墙壁上。客人来了，他总要很自豪地炫耀："瞧，我女儿写得多棒！"其实小女孩写得并不好，可看到父亲的鼓励和一脸自豪的样子，她内心受到鼓励，心想："我明天还要比今天写得更好！"于是，小女孩的作业一天比一天写得好，学习成绩一天比一天提高。

　　不要小瞧女孩小小的进步，只要父母珍惜它、欣赏它，它同样可以积少成多。当女孩在为自己的进步高兴时，他最希望与自己最亲近的人一起分享。这时，为人父母者应该毫不吝啬地说："你真棒！"要知道，对女孩来说，一点一滴的进步都是神圣的，都是来之不易的。相反，如果父母对此抱以冷漠的态度，女孩的进取心就会因得不到赏识而日渐消退。

　　女孩遵守了父母定的规矩，就是一种进步，不要认为这是理所当然的，应该对女孩说："你今天遵守了规矩，妈妈觉得轻松了很多。妈妈要谢谢你！"

　　当女孩做完作业时，可以亲自检查一下作业情况，尽管作业中可能会有错误，但也应该看到其中的优点，比如："今天你的作业写得很认真，字迹也十分工整。不过，这一道题好像做得不对，你再算一下！"……

第十二章

优雅：且以优雅过一生

服装得体——得体的服饰会给女孩的气质锦上添花

女孩到了3岁以后,就会开始形成自我的审美意识。尤其是对女孩来说,随着年龄的增加,更会对穿衣打扮产生兴趣,有些女孩甚至会在这方面有了敏感性,因此,经常会听到父母的抱怨:

"我女儿今年才4岁,可是已经开始挑衣服穿了,要是她看不上眼,我给她穿上,一会儿她也会脱下来。"

"我女儿小学二年级,上个月她跟我要生日礼物,非让我给她买高跟鞋,那么小,怎么能穿高跟鞋？"

……

当女孩开始对审美有所意识时,就会突然产生很多稀奇古怪的想法。父母一定要积极引导自己的女儿建立起正确的审美意识。

一位妈妈曾跟我这样讲述自己的女儿带给她的烦恼:

我女儿上了初中后,就开始追赶潮流,喜欢上了个性时装。周六,女儿总会跟我要钱去买衣服。我不反对她穿牌子衣服,家里条件也允许,可是每次买回来的都是时尚女装,比如:裤子自膝盖以下全是透的。后来,女儿再跟我要钱去买衣服,我便不再给她钱了。我说，她买的衣服我都看不上眼，以后我给她买。女儿听后，大声地对我说："同学都打扮得很时尚，如果穿得太老土，就没法做人了。"我觉得女儿的想法很好笑，问她："穿衣和做人有什么关系？看别人穿什么就穿什么，是时尚？那是随波逐流。"女儿脸憋得通红，大吼："不让买就不买。"吼完后就跑出了家门。女儿这样发展下去，可怎么办！

女孩只顾着追求潮流，不理会是否适合自己，不仅不能让自己变得更加漂亮，反而还会让人觉得太过异类，很难相处。父母要引导女孩树立正确的审美观，让女孩选择适合自己的衣服。

现代社会，女孩习惯打扮自己，追求当下的潮流时尚，确实没错，因为它不仅可以让女孩更漂亮，还能增加女孩的气质，所谓"人靠衣装，美靠靓装"说的就是这个道理。可是，追求潮流时尚也要建立在适度的基础上。

◆**让女孩明白，美丽的最高境界是展现个性**

美丽的最高境界不是随波逐流地追求时尚，而是展现出自己的个性，那么，父母应该怎么做才能让女孩明白这一点，并拥有自我个性的审美观呢？

告诉女孩：美丽的最高境界是展现个性。

女儿10岁，周末妈妈来到女儿房间，说："今天，咱俩一起来设计一件你觉得最好看的衣服怎么样？"

"我们设计？"女儿半信半疑地看着妈妈。

"对啊，你把你的设想告诉我，然后我们一起来制作。"

"你会做衣服吗？"

"当然。"

"好吧，不过我的设想有点复杂，我想要……"随后女儿开始介绍自己的想法。

女儿的想法确实有些复杂，但很特别，随后的一天，她们一起去商场选购了做衣服的面料和材料，两天后，女儿的伟大设想终于完成。她迫不及待地穿在身上，在镜子前照来照去，真的很好看，高兴得不得了。

第二天，女儿穿到学校去，立即引起了同学们的询问，大家都觉得这件衣服很棒，都问她是从哪里买的。女儿自豪地说："我和妈妈一起设计的！"

放学后，女儿高兴地告诉妈妈，所有人都觉得这衣服好看。她还说，长大后，她要做一名服装设计师。这件事情之后，女儿对自己的审美越来越肯定，再也不会随波逐流了。

不管这个女孩长大后能否成为服装设计师，我们都不能否定这次自主设计服装给女孩带来的快乐。同时，她长大后也会成为独具自我审美能力的人，而这次特别的经历也会成为她一次美好的回忆，增强她审美的自信心。

◆ **转移女孩不正确的审美视线**

审美品位最能反映一个人的气质，女孩审美品位的层次越高，个人气质也就越好，生活中家长应当如何培养并提升女孩的审美层次呢？可以尝试着转移女孩不正确的审美视线。

有一天，女儿回家后问杜女士："妈妈，是不是穿上漂亮衣服后，我就会变得更漂亮呢？"

杜女士猜想着，女儿肯定是听同学说什么了，就说："是不是有同学说穿漂亮的衣服才会漂亮？"

女儿点点头："同桌说我的衣服一点也不漂亮，女孩子应该穿漂亮的裙子、戴漂亮的项链和戒指。"

杜女士不能确定是不是那个同桌说的，但她确定女儿想把自己打扮得漂亮些。

于是杜女士到市场买来各种颜色的毛线，为女儿织了几件衣服，有裙子、有马甲。还利用各种颜色的毛线，在衣服上勾了一些可爱的卡通形象。衣服看起来既可爱又时尚，女儿穿上，平添了几分活力与灵气。

女儿穿着织好的裙子去上学，放学回家时非常兴奋。她告诉杜女士："妈妈，同学们都说衣服漂亮。"

杜女士问女儿："那你还要不要买漂亮的衣服、项链和戒指了？"

女儿摇摇头："妈妈给我织的衣服才是最漂亮的，为什么还要买衣服？"

因为年龄小，判断能力弱，女孩很容易建立起错误的审美观，比如：认为鲜艳的衣服就是美的，戴首饰就是漂亮的等。对此，父母不要进行粗暴的干涉和批评，父母可以转移女孩的视线，为女孩亲手做一些漂亮衣服。当女孩穿上了这些漂亮衣服时，自然会认为自己是最美，而不再去效仿他人。

美学知识的传授可以涉及仪态、仪容、形体、修饰、造型等多方面，要让女孩了解怎样的美才算"真美"。比如，可以鼓励女孩参加一些体育锻炼，让形体变得苗条美丽；引导女孩多看一些书籍和报纸，让言语变得更加有魅力；教育女孩注意卫生，保持仪容美……通过这些方面的引导，很容易帮女孩树立起正确的审美观。

言行文明——优雅的女孩言谈举止都文明

　　言谈举止是一个人的外在形象，更容易给他人留下第一印象。如果女孩的言谈举止得当，语言美、仪态大方，无论交友还是学习，都会赢得良好的人际关系。美丽的外貌只能为女孩暂时赢得别人的注目，而与众不同的气质则是女孩长久的财富。气质，不仅会给女孩的外貌加分，还会让女孩更加有内涵、优雅迷人，让女孩备受瞩目。因此，一定要培养女孩的优雅言谈。

　　小可不仅喜欢翻单杠、爬云梯，连一些男孩不敢玩的器械都会试试。虽然这些爱好表现出了小可的勇敢，可是，爸爸并不喜欢小可的这些"男生"爱好，他希望女儿成长为一位淑女。

　　为了转移小可的爱好，爸爸教给小可一些比较安静的事情，比如，下棋、钓鱼、集邮等。爸爸先是教小可下棋，还送给小可一些邮票，鼓励小可集邮；周末，爸爸会带小可去钓鱼。

　　一次，爸爸带小可到湖边钓鱼。钓鱼时，小可高兴地坐在岸上等待鱼儿上钩。过了一会儿，小可露出了不高兴的表情。爸爸看到小可皱着眉头，知道她已经坐不住了，就故意说："小可，今天爸爸钓到的鱼肯定比你多。"

小可不服气："那可说不定。"

看到女儿不服气的样子，爸爸趁机提议说："如果不相信，那我们今天就比比谁钓到的鱼多。"

小可笑着点头："好啊！"然后，小可没有继续跟爸爸聊天，而是屏住呼吸等待鱼儿上钩。

看着小可认真的样子，爸爸露出了微笑。

在爸爸的长期训练下，外向、精力充沛的小可变安静了许多，行为举止越来越淑女了。

故事中，小可爸爸正确引导女儿把过剩的精力用在一些安静的事情上，既拓展了女儿的兴趣爱好，还培养了女儿安静专注的习惯——让原本淘气的假小子，变成了一个文静的小淑女。

生活中，男孩的父母都很羡慕女孩的父母，认为小女孩安静、乖巧，非常好教育，其实大部分女孩父母却不这么认为，因为现代的女孩大都比男孩还淘气。看到自己的女儿像男孩一般上蹿下跳，家长们也很发愁。一方面，不希望自己的女儿长大后变成一个大大咧咧、毫无女人味的男人婆；另一方面，也不想扼杀女孩的天性，毕竟小孩精力旺盛，好动淘气也是正常的事儿。

那么，难道家长就没有别的办法来改变自己"假小子"一样的女儿了吗？有！一般来说，女孩多动、淘气，大多是因为精力旺盛，得不到宣泄，父母可以尝试着将女孩过剩的精力转移到安静的事情上，培养其优雅的举止。

◆ **多带女孩出席一些聚会，锻炼大方的气质**

要培养女孩的言谈举止，让其成为一个大方的女孩，就要多带女孩出席一些聚会，让她得到更好的锻炼。其中，做客或者参加聚会是锻炼女孩"大方气质"的最好途径。所以，生活中，家长应有意识地带女孩出席一些社交场合或多带女孩去朋友家做客，让女孩见识不同的人、不同的事情。见到的人多了，学到的东西自然也会多起来，做到举止大方不忸怩自然就不是什么难事。

> 由于工作的关系，小珍的爸爸平时要参加很多宴会。很多时候，爸爸都会带小珍一起去参加。
>
> 爸爸的朋友们都认识小珍，在宴会上，他们会给小珍讲故事，告诉小珍很多她不懂的东西。因为已经熟悉了大场合和"大朋友"，所以小珍在叔叔、阿姨面前没有拘束感，表现得很大方、很自然。
>
> 在一次宴会上，有人提议轮流表演节目。主持人提出让小珍第一个表演节目，小珍没有推辞，大方地走到主持人身边，为大家唱了一首《欧若拉》。

小珍爸爸的做法非常值得借鉴。带女孩参加一些宴会，不仅能够锻炼女孩待人处世的能力，还能让女孩通过和大人的沟通、交流提升自身的气质。生活中，不妨借鉴一下小珍爸爸的做法：多带女孩出席一些大场合，锻炼女孩与人相处的能力。

研究证明，女孩忸怩的心理与家长的教育方式息息相关：如果家长的教育方法得当，女孩就会逐渐变成一位大方的女孩。所以，家长一定要积极带着女孩参加聚会，让其在聚会中提升自己的言谈举止。

要做到这一点，还要注意以下几点：

第一，带女孩去亲戚朋友家做客。做客前家长应先向女孩介绍造访的对象，让女孩做好必要的心理准备；其次，要帮助女孩树立信心。

　　第二，请客人来自己家做客。家长可以请亲戚朋友来自己家做客，为女孩创造当小主人的机会。客人在时，可以让女孩为客人倒水、表演节目等。

　　第三，经常表扬女孩。女孩与陌生人交往的每一次突出表现，都要抓住时机，对其进行表扬。

◆以身作则，把优雅展示给女孩看

　　父母的一言一行对女孩的影响都是巨大的，不注意自己的言谈举止，行事大大咧咧，女孩也会大大咧咧起来……所以，要想把女孩培养成谈吐不俗、举止优雅的小淑女，父母首先要检讨自己的言谈举止，是否足够优雅得体，只有这样，女孩才能在良好的熏陶下越变越文静，越来越优雅。

　　　　珊珊妈妈在一家建筑公司担任项目经理，由于工作的关系，她非常豪爽，说话粗声粗气，有时候还大声地批评下属。在妈妈的影响下，珊珊也变得不拘小节，说话唱歌都喜欢大喊大叫，玩耍时还会将玩具弄得"身首异处"；有时候她还会带着小伙伴跟其他的小孩打架。

　　优雅的言谈举止是一种良好的习惯，这种习惯的养成需要一个较长的过程。当优雅举止成为女孩一种不自觉的习惯，女孩卓尔不凡的气质也就形成了。家长对女孩的提示，会让女孩产生想表现优秀的强烈念头，而且会做好准备，努力并完美地实现父母的期望。

　　此外，家长还可以和女孩相互约定一些做事原则来引导女孩举止文雅。比如，如果你想说"真不懂事，随便拿人家的东西！"可以换成这样说："我们约好，如果你想要什么玩具，向爸爸妈妈要，好吗？"这样，女孩就比较容易接受，因为你是在和她约定一件事情，而不是在批评她。

处世大方——待人接物，不卑不亢

如今，"独一代"越来越多，女孩们不仅缺少兄弟姐妹的陪伴，甚至不再有舅舅姑姑、叔叔大伯等亲属，社会关系已经越来越少。爷爷奶奶宠着、爸爸妈妈护着，无尽无休的学习班充斥着女孩的课外生活，不成熟、适应能力差却成了影响女孩成长的致命伤。家长要想培养优雅的女孩，就要教育她们待人接物，不卑不亢。

莉莉从小就是家里的小公主，在独立王国里长大，家长对莉莉有求必应，疏忽了人际交往方面的引导。上学期间，莉莉跟同学的关系一直都不太好，同学都抱怨她说话太直，莉莉却埋怨同学太虚伪，日子久了，大家都不愿意跟心直口快的莉莉走得太近，免得谈话闲聊间平添尴尬。可是，这种状况并没有引起父母足够的重视，他们依旧事事宠着莉莉。

2017 年莉莉硕士毕业，接连换了两份工作。在第二家公司，与上次一样，莉莉又遇到了人际关系的难题。参加工作后，莉莉发现同事都不喜欢她，因为她总会直接指出他们的工作失误；领导也不喜欢他，因为她一遇到不顺手的工作，就直接反驳领导。

而不在乎他人，是很多女孩的缺点。她们无法融入社会，不能理解"委婉"与"撒谎"的区别。而造成这些不懂得与人交往的根本原因，在于小时候的家庭教育。因为家长的疏忽，女孩不知道如何待人接物，不懂得如何与他人相处，这样就给她们今后的成长带来了很大的影响。

◆引导女孩进行社交

成熟，是女孩成长的必然结果，也是适应社会的必然需要。家长在教养女孩的过程中，千万不要给女孩塑造跟外界相差悬殊的成长环境。为了提高女孩的社会适应性，就要以一个社会人的标准来要求、引导她，引导她们进行社交，在社交中学会待人接物。

2017 年，正在读小学三年级的小绛跟着妈妈来到了上海。过去几年，爸爸妈妈在上海上班，小绛则跟着爷爷奶奶在老家生活。有了一定的经济基础后，小绛便被妈妈接到了上海，转到当地的一所私立小学。

小绛虽然个性开朗，可是第一次来上海，人生地不熟，转入新学校开始的那段时间，依然感到很陌生，她很少跟同学说话。再加上普通话不标准，小绛感到很自卑。

为了引导女儿正确与同学交往，妈妈鼓励她领同学来家里玩，在小绛过生日的时候，向几个坐得近的同学发出了邀请，邀请他们一起来吃生日蛋糕，同学们欣然前往。

妈妈给小绛买了一个很大的生日蛋糕，一拿出来，就引起了孩子们的欢呼。小绛热情地给他们切蛋糕，一人一大块，吃得满嘴都是。这件事之后，小绛跟同学的关系渐渐熟悉起来。

来到新的环境，很多女孩都会感到怯懦，为了引导她们大方地与人交往，就要引导她们与他人交往。父母要创造更多的机会，让女孩与更多人接触，时间长了，女孩就会正确待人接物了。

◆鼓励女孩与陌生人往来

现实中，很多女孩在与人交往、待人接物时，明显地表现出两面性，比如，在家里非常活泼、能说会道，一到外边就显得特别胆小、拘谨。为了解决这样的问题，就要多给女孩提供与陌生人交往的机会。

　　小青天生胆小怕事，从来都不敢与人交往，甚至一见到陌生人就会被吓哭。为了改变女儿的这种现状，也为了锻炼女儿的交际能力，妈妈就经常鼓励她与陌生人进行交流，并时常为她创造一些交际的条件。

　　有一次，妈妈带小青去公园玩时，拿出随身带着的零食递给她说："小青，把这些零食和小朋友一起吃！她们一定都很想认识你呢！"

　　小青开始有些扭捏，在妈妈的再三鼓励下，终于鼓起勇气，和小朋友一起分享。

　　带小青逛商场时，妈妈会鼓励她说："小青，你帮妈妈问问营业员阿姨，这个衣服还有其他颜色吗？妈妈想给你买一件更好看的。"

　　如果家里来了陌生的客人，妈妈还会鼓励小青主动去跟客人打招呼，或者进行简单的交谈。

女孩对外界的人事物都很敏感，很怕生，父母不应该表现出焦急或者漠视，应该正确引导女孩与陌生的环境或者陌生的人交流，让女孩心中的恐惧感渐渐消失。

在成长的道路中，女孩总要面对各种各样的人，善于交际、懂得如何待人接物，更容易成为众人的焦点。父母可以在日常生活中有意识地为女孩创造与他人交际的机会，克服了"怕生"这个问题后，她的社交能力自然会得到提高。

广读博览——学习不止，就会散发出智慧

阿基米德曾说过："多看，多听，多接触，你就会成为智者。"人们也常说："眼界决定境界。"这些话都对女孩的教育有一定的启示作用。既然要"富养"女孩，就要站在高处，看往远处，然后尽全力帮助她们广读博览，开阔视野，打开眼界。

从两三岁开始，爸爸妈妈就教小希学习外语。可是，他们并没有完全按照自己的喜好去教育女儿，而是慢慢引导小希喜欢上外语。比如，爸爸在家中的墙壁上贴上漂亮的外语标志的贴画，给小希买一些外国儿童原版影片，还利用电视、网络、杂志等传媒渠道让小希适当了解一些国际新闻。

虽然小希的家庭经济条件一般，但每年爸爸都会拿出一些钱带小希到国外旅行一次，让她见识一下国外的世界。在父母的精心培养下，小希已经高中毕业，并顺利被国外一所知名大学录取了。

高贵而又出类拔萃的女孩，通常都具有开阔的眼界。因此，富养女孩，就要在开阔女孩的眼界上多下些功夫。知识丰富、游历四方的女子，绝不

会给人一种小家子气的感觉。

作为家长，如果打算富养女孩，就一定要帮她们增长见识，丰富阅历。只有知识增长了，判断能力增强了，女孩才不会被外界的种种所诱惑，同时还可以形成自信、独特的女性风采。

英国作家毛姆曾说："世界上没有丑女人，只有一些不懂得如何使自己看起来美丽的女人。"毋庸置疑，有气质的女人是美丽的。同样，有气质的女孩也是可爱的。

气质是一种内在的不自觉的外露，不仅是表面功夫，胸无点墨，即使穿着再华丽的衣服，也毫无气质可言，反而会给人肤浅的感觉。所以，家长想要提升女孩的气质，除了让女孩穿着得体、说话有分寸之外，还要不断提高女孩的知识、品德修养，不断丰富女孩的精神世界。

气质不是学来的，而是培养出来的。作为家长，平时要让女孩多学东西，多看书。很多女孩读完大学，很久没见的人都说她变了，其实就是校园生活熏陶出来的。这就是知识的力量！

◆ **在旅行中增长女孩的见识**

古人云：读万卷书不如行万里路，行万里路不如阅人无数。而很多家长的一贯做法是"行万里路前读万卷书，行万里路中阅人无数，行万里路后思索回顾"。带女孩到各地旅游，可以开拓她们的眼界，增长她们的知识，而在旅途中获得的知识远比书本上得知的更有效。

别看楚楚只是一个8岁的小女孩，可她已经去过不少地方，如：日本、韩国、新加坡、法国、意大利、泰国等。在同学眼中，显然就是一个"世界通"。

每到一个陌生国家之前，爸爸都会和楚楚进行长达一周的培训，主要包括：语言、文化、当地情况和摄影等。比如，去法国之前的一个月，就开始让楚楚阅读相关书籍，还通过培训了解了法国文化的基础知识，包括卢浮宫的神秘和拿破仑的传奇。同时，还进行了简单的语言培训。

如此，每到一个陌生的国家，楚楚就会开始验证之前获悉的资料是否和眼前的一切吻合，开始和当地人进行碰撞和交流，主动借助当地人的帮助来完成一件件事先策划好的任务。

楚楚爸爸认为，女孩需要和当地人接触，更要用当地人的生活方式、交通工具，而不仅仅是走马观花。

网上流行一句顺口溜："读万卷书不如行万里路，行万里路不如阅人无数，阅人无数不如名师指路，名师指路不如自己去悟。"旅途的生活，就如同一部百科全书。旅行中的自然、社会、人、民俗风情，都是丰富学识的源泉；为旅行所做的准备和行动，更能丰富女孩的经验，变成终生受用的行动力。

对女孩来说，旅行的经历对她们的成长更有着重要的意义。随着女孩渐渐长大，她们更渴望走出家门，走到不一样的地方；渴望去看一看其他城市，希望收获新的眼光；渴望到辽阔的自然界，感受与大地的连接。

旅行，不仅能拓展女孩的视野，更能让女孩热爱生活。

◆有目的、有计划地带女孩过好双休日

如果没有足够的经济条件和充裕的节假时间，可以有目的、有计划地陪女孩过好双休日，同样可达到富养女孩、开阔其眼界的目的。

娜兰是个有些内向的小女孩，由于从小体弱多病，她去得最多的地方就是医院，待得最多的地方是卧室。7岁的她脸上已经没有了同龄女孩该有的活泼和欢笑，而是变得沉默寡言。

妈妈担心娜兰一直这样下去，有可能会患上抑郁症，决定每

个周末都带她出去，让她接触大自然。当然，每次出去妈妈都是有目的有计划的，比如，带娜兰去公园前会对她说："到了公园里，你要仔细地观察事物的特点，回来可以写篇日记。"娜兰听从了妈妈的建议，到了公园之后，就会认真地观察花、鸟、草、虫等。

发现娜兰对外边的世界有着强烈的好奇心和求知欲，妈妈就坚持每个周末都把她带到大自然中，让她观察蝴蝶的飞舞、蚂蚁的团结协作、池塘里来回穿梭的小鱼、荷叶上的青蛙等；同时，妈妈还会用娜兰能理解和接受的语言给她讲四季的交替变换、植物的生长规律、动物之间的食物链。

娜兰变得越来越活泼、开朗，脸上的笑容也越来越多，最让妈妈感到欣慰的是，她的身体也不像过去那样总是生病了，甚至一天比一天健康。

带着女孩出去旅游，可能有些家庭条件不够，其实只要抓住双休日时间，同样也能达到扩大女孩视野的目的。周末的时候，就可以带着女孩到周边转转，丰富她们的眼界。

富养女孩，一定要根据女孩的实际情况进行，对娇弱的女孩过度保护，不仅无法开阔女孩的眼界，还会使女孩陷入狭小的世界。因此，父母最好经常带女孩到户外进行有目的、有计划的游玩。另外，父母也可以和女孩开展一些室内运动，度个有意义的愉快双休日，比如：做一些亲子游戏、一起阅读、看电视等。